歳月の鉛

四方田犬彦

工作舎

歳月は鉛
混乱こそわが墓碑銘
——キング・クリムゾン

歳月の鉛

歳月の鉛　目次

プロローグ

ブラウン管のなかでは、今しも巨大な鉄球が山荘の壁を破壊しようとしている。そのたびごとに強烈な振動が、観ているこちら側にも伝わってくる。鉄球を吊り下げているクレーン車が、ひどく狭い場所に停められているのがわかる。空中にはヘリコプターが飛び交っている。警察のスピーカーからはひっきりなしに投降の勧告がなされる。「警察はもう待てない」「すぐに武器を棄てて出てこい」と、彼らが装甲車のなかから大きなヴォリュームで叫ぶ声が聞こえてくる。建物の内部からは何の反応もない。昨日は強風で粉雪が空を舞っていた。だが今は風も和らぎ、雪を被った白樺とカラマツがキラキラと輝いているのが見える。ときおり屋根裏に設けられた銃眼から、クレーン車の操縦席をめがけて銃が発射される。ただちにその銃眼に向けて、鉄球が差し向けられる。放水が開始される。誰か内部にいる者が、水の壁にむかって遮二無二発砲しているのがわかる。鉄球と放水はほぼ一時間続いて中断される。

きみはＴＶの画面を眺めている。

放水と鉄球の攻撃が再開される。やがてそこに、催涙ガスの円筒弾の攻撃が加わる。一人の警官が狙撃されて倒れる。その直後、警官隊はようやく山荘の一階に入ることに成功する。鉄球はようやく建物の正面玄関の破壊に成功し、内部のようすが丸見えの状態となる。もっとも次々と投げ込まれるガス弾によって、内部は煙が立ち込めており、視界はほとんど遮られている。やがてもう一人、警官が狙撃されたことが報道される。警察側の攻撃はしばらくして突然に中断される。それは撃たれた二人の警官の死亡が確認されたときである。

きみはＴＶの画面を眺めている。

きみはひどい風邪をひいて、寝台に横になっている。大学の入学試験までは後四日しか残されていない。枕元には読みかけの小説が放り出されている。熱が高いために精神を集中させることができないのだ。きみはそこで、ぼんやりとＴＶ画面を眺めることで一日を過ごそうと決める。

スペイン風の洒落たブティックや、いささか大時代的な装飾のホテルを抜け、湖から山道に入ると、途端に連なる樹木の陰のせいで、視界が薄暗くなる。曲がりくねった山道は、対向車と擦れ違うことができそうにないほど狭い。低く歪んだガードレールの向こうは崖であり、深い緑に包まれて何も見えない。油断をすればただちに転落しかねないほどの悪い道を、車は注意深く走行してゆく。

その建物は道が大きく曲がりきった角に、少し低いところにある。道の方から眺めてみると、傷んだトタン屋根をつけた建物が蹲っているようすは、どことなく茸を思い出させる。道路から十段ほど階段を下ると玄関となる。今は誰か外国人が住んでいるのだろう、小さなオートバイが乱暴に停められている。思ったよりはるかに地味な建物だ。内部を覗くことはできない。周囲はひっそりとして、散歩をする人影も見かけない。

私道を下がった右隣にもう一軒、山荘が建てられている。昔はこのあたりは何もなかったはずだ。だからこの山荘はそう古い建物ではないはずだが、ひどく傷んでいる。たぶん建て直す予定なのだろう。資材が近くに積み上げられている。


夕方になる。長い沈黙を破って、ふたたび放水とガス弾が再開される。警官隊が一挙に山荘に突入する。内部で発砲が聞こえる。だがそれがどちらの側のものかは、外部からは判断がつかない。TVの解説者は興奮した口調で喋っている。しばらくして警官たちに囲まれて、五人の若者が山荘の内部から現われる。彼らは一様に手錠をされ、疲労と苦痛から顔を歪めている。汚れた髭と濡れきった衣服。


ずっと後になって、はるかに後になって、フランクフルトを訪れたきみは、現地で知り合った建築家とビールを呑みながら雑談をする。

あの年はTVに齧りついていた年だったと、きみはいう。

僕もそうだ、ミュンヘン・オリンピックのときは、誰も世界新記録や金メダルのことなど忘れてしまい、ひたすら人質事件をTVで眺めていた。ドイツの友人がそう答える。

二人はビールを呑みながら雑談をする。あの年が過ぎてしまうと、TVを見るという習慣が何となくなくなってしまったなあと、二人して頷きあいながら。

きみは建物の正面に立つ。それから苦労して建物の下の方に回りこみ、上方を見上げてみる。噎せ返るような緑に包まれて、建物はたちまち輪郭を失ってしまう。もう一度、崖を攀じ登って上の道に戻る。この山荘が難攻不落の砦であることが、よく納得できる。ここに立て籠もった五人の若者は、わずかな食糧と疲弊しきった身体にもかかわらず、この山荘に一〇日間籠城することに成功した。彼らはあらかじめ地形の有利を見通すだけの目の力をもっていたのか。それともただ運が強かっただけの話なのか。ともあれそれはひどく地味で目立たない建物だと、きみは思う。あえていうならば、俗悪にして卑小な建築である。それで感想は？　だがきみの心は答えようとしない。感想はない。感慨もまた。

いや、軽い失望に襲われたというべきか。そうか、ＴＶ画面に映っていたときには見当がつかなかったが、実際はこんなに小さな建物だったのかと。

きみはしばらくして、空色の表紙の大学ノオトに書き付ける。

「日本にまた見つかった、ネチャーエフが作り出した死の数々。
党とは何か。党派とは何か。
文学がどうしても政治に、階級に向かい合わなければならない瞬間がある
とすれば、私はその瞬間に至るまで文学に賭けてみることになるのか。
政治的に前衛になることはもうやめよう。
私にあの死者達の沈黙、沈黙する意志が見えてくるだろうか。」

また見つかった、だって？
何という傲慢な。わたしはきみが書き付けたシニシズムに反感を感じる。
それは現実に一度も世界と向き合おうとしなかった者が、安全地帯で書き
つけた感想にほかならない。これを書き付けた者は何と嫌な人間だったの
だろうと、わたしは考えている。

事件が新しい展開を迎えなくなったためか、TV画面はいつまでも同じ映像を繰り返し流し続ける。振り下ろされる鉄球。少しずつ崩されてゆく山荘の壁。狙撃された警察官。水煙。晴れきった空。夕暮れの寒々とした雪景色。連行される若者たち。詰めかける報道陣。

とうとう来てしまったのだと、きみは心にいい聞かせる。

だが心は何も答えない。失望しているのか。それとも感動に打ち震えて、声も出ないのか。

心はそのいずれでもないという。一つの時代を終わらせ、もう一つの時代、というよりその時代の暗く曖昧な、あらかじめ廃墟であるような時間の始まりとなった場所が、かくも凡庸でかくも卑小なものであることに耐えられないのだと、彼はかろうじて言葉を続ける。

きみは今、南イタリアのある町で開催されている日本の歴史をめぐるシンポジウムに出席している。聴衆のなかに日本人の姿はほとんど見かけない。演壇ではデンマーク人の研究家があの事件の映画的表象の推移をめぐって、精緻な研究発表をしている。一人の日本人が立ち上がって、巧みな英語で意見を述べる。彼は事件のことも、それをめぐる表象のことも、社会の構造を見究められずにいた愚者の過ちにすぎないと、全否定してみせる。


きみは今、考えている。

犠牲者の物語ははたして集合的な記憶のもとに語られるべきなのだろうか。それともどこまでもその人物の個別性に基づいて、個別のものとして表象されるべきなのだろうか。

犠牲者の映像を生々しく提示し、それを観る者に衝撃を与えることは、どこまで道徳的に正当化されることなのか。死と死体が猥褻物《オブシーン》、つまり視界から排除されるものとしてポルノグラフィーの映像として消費されてしまう現在、犠牲者の映像がその領域に回収されてしまう危険を、どのように回避すればいいのだろうか。しかし、だからといって、物語が異化効果を体験する可能性のいっさいの芽を摘み取り、犠牲者の物語をメロドラマに仕立てあげたとしても、はたしてそこにどれだけの意味があるのだろうか。われわれがもっとも警戒しなければならないのは、現実の権力の脅威であるよりも、こうした物語の平板化に預かって力ある感傷性であるはずだ。犠牲者が神聖な存在、超越的な存在に祀り上げられ、いくえにも感傷の衣を着せられて顕現するとき、何が隠蔽され、何がイデオロギー的に喧伝されることになるのか。

きみは思い立って、彼らが最初に立て籠もった山荘から、銃撃戦の舞台となったこの山荘までの道を歩いてみようとする。距離にして一キロ弱、自動車ならば山道をそのまま曲がってしばらく進むだけの、簡単に行けるところにそれはあったはずだ。

最初の山荘は現在は撤去されていて、いかなる痕跡も残されていない。きみはその位置を確かめてから、ゆっくりと歩き出す。途中にぽつりぽつりと建物が、緑のなかに現われる。

三七年前、このあたりはまだ閑散としていたはずだ。冬の登山の準備など何もしないまま、彼らは粗末な地図だけを頼りに、妙義山からここまで深い雪を掻き分けながら歩いてきた。大勢の足跡が発見されないように、先頭の者が歩いた跡を後続の者たちが踏みながら進んだ。誰もが簡素なスニーカーを履いているだけだった。身も心も冷えきっていた。最初の山荘で休息を取ろうとした彼らは警官隊に発見され、銃撃戦を交わしながらこの道を駆け出した。二月の極寒に道は凍りついていた。

何だ、こんなに短い道のりだったのかと、きみは拍子抜けする。きみが歩いたのは麗かな緑に囲まれた、快適な別荘地の散歩道にすぎないからだ。彼らはまったく違っていた。満足な雪の準備もなく、寒さと空腹に苦しみながら、どこともわからぬ場所に避難所を探していた。それも同志殺しの後の重い心を引き摺りながら……。

逮捕され連行されてゆく者たちの間に、きみはある発見をする。ただ一人、真直ぐに正面を向き、悪びれずに歩いていく少年がいる。きみはその人物に注目する。後になって彼がきみと同年齢であり、実の兄をリンチ殺人事件で殺害されていたことを、きみは知るだろう。だが彼の眼差しを確認しようとした瞬間、画面は切り替わってしまう。きみはその眼差しが告げようとするものを、受け取ることができない。

きみは考える。
もし何かの偶然が働いていたとすれば、自分もまたあの少年と同じように、仲間とともに冬の森に迷い、鉄球と放水に怯えながら銃を手にとっていただろうかと。それは大いにありうることだった。彼もまた兄が誘わなかったとしたら、あの山荘で銃撃戦に参加することはなかっただろう。もしきみの高校の同級生がきみを誘っていたとしたら、あの少年の場所にきみが立っていたとして、どこに不思議があるだろう。

しばらく考えて、きみは目を逸らしてしまう。無理やりに現下の事件から距離をとり、すべてが「ここ」とは無関係な「よそ」で生じている事件であると思いこもうとする。今のきみにとって重要なことは、一刻も早く風邪を治し、数日後に控えている大学の入試のために体調を整えることだと、心にいい聞かせながら。

きみはノオトに書き付ける。
意味も充分に理解できないまま、ただ闇雲に、何かに急き立てられるかのように。

＊

燃えている者は
けっして眼を見開かない。
燃えている者は
けっして眼を閉じようとしない。

ノオトを読む

今、わたしの机の上に二六冊の古びたノオトブックがある。大判の無骨な大学ノオトもあれば、小ぶりで洒落た青い紙を用いたものまで、その形態はさまざまである。表紙にはいずれも通し番号と執筆期間、それに題名が記されている。題名は「偽の記録」「racinement」[*01]「心よ寂しい丸太舟になれよ」[*02]といった風に、新しくノオトを替えるにあたって、そのときごとに思いついたものを記したようで、一貫性があるわけではない。それどころか書いた当人であるわたしですら、今となってはその意図を辿ることができないものも少なくない。

わたしはこれらのノオトを一九七一年から一九七八年にかけて執筆した。それはわたしの人生のなかで、大学受験に失敗して浪人生活を送っていた時期から、大学に進み、さらに大学院の修士課程に進んだ時期に相当している。

ノオトに記されている内容は実に多様である。といっても日常の身辺雑記はほとんどない。読んだ書物のメモと感想。気になった部分の引用。観たフィルムの印象。書き出しては放棄した詩の断片。それにわたしの感情と思考の記録が、日付もないままに記されている。ときに夢の記録が挿入されていたりもする。通して読み直してみると、時期によって日付があったりなかったりし、内容や書いているときの姿勢にも微妙に変化が感じられる。ある時期までわたしはかなり直接的に自分の感情をそこに吐露している。だがやがて読書と映画の感想を含むメモの占める率が高くなり、最後の方では日録的な性格が強まっていっている。この変化は、論文を執筆するためのノオトが別に設けられたためもあるだろう。

ノオトの執筆は一九七七年後半になると、突然に中断されてしまう。修士論文の執筆にその日の全精力を使い果たしてしまい、こうしたノオトを書き続ける余力がなくなってしまったのか、それとも単に飽きてしまっただけなのか。おそらくその両方が原因だろう。とにかくこの年は論文のため夢中のうちに過ぎてしまった一年だとしか、現在のわたしは記憶していない。

一九七九年、わたしはソウルの建国大学校に客員教授として渡るのだが、それからは厳密に日付をもった備忘録が開始されることになる。韓国で見聞したすべてのことがらを記録しておこうという意志の現われであった。だがそこからは別の物語である。

今、わたしはこの二六冊のノオトを読み直す作業を通して、自分にとって一九七〇年代という時代が何であったかを考えようとしている。

思えば一九七〇年代とは、一九六〇年代後半の派手派手しい政治的興奮と一九八〇年代の大衆消費社会の全面開花の狭間にあって、不当なまでに置き去りにされてきた時代であった。いや、この表現では不充分かもしれない。一九七二年の連合赤軍事件をもって開始される日本の「七〇年代」とは、円の変動相場制、「日本列島改造案」とオイルショックによる地価と諸物価の高騰、それに新左翼セクトどうしの殺人によって記憶される、暗い過渡期であった。これは世界的にもいえることであって、六〇年代後半に反体制運動が世代的に盛り上がった社会では、ほとんど例外なく七〇年代に憂鬱な揺り返しを体験することになった。中国は文化大革命の終結を宣言し、開放路線に転じた。アメリカはヴェトナムから撤退し、その後遺症に疲弊していた。イタリアとドイツでは、孤立した学生運動のなかから爆弾と誘拐によるテロリズムが生まれ出た。これに日本を加えてみると、みごとに四〇年前の枢軸国の構図が浮かび上がる。上機嫌な破壊の季節が終わると、鉛のように重く意気消沈した歳月が襲いかかるという点で、いずれの社会にも共通したところがあった。一九七〇年代とは長い服喪の期間だった。

これからわたしが書こうとしているのは、描かれている時代という点では、六年前に発表した『ハイスクール1968』(新潮社、二〇〇四)の続編に相当する文章である。だがいくつかの点で、それは前作と異なったものとなるだろう。というのも大学から大学院にかけてのこの時期、わたしはめったに街角に出ることがなくなってしまい、語学と専門の勉強、それに読書と映画館通いを除けば、ほとんど何も活動らしい活動をしていないからである。わたしはかつてあれほど熱中していた詩作を放棄し、現下に進行している政治的なものの一切に耳を閉ざすようになった。周囲の知人友人たちは早々と欧米の大学へと留学の途に就いていたが、わたしは海外はおろか、国内の旅行すら気が向かず、ただひたすら自分の部屋に閉じこもってばかりいた。わたしが現在のように頻繁に海外に旅行と滞在を繰り返すようになるのは、一九八〇年代以降のことである。

というわけで『ハイスクール１９６８』の延長にあるこの回想に派手な活劇を期待されている読者は、おそらく失望とともに本書を投げ出してしまうことだろう。一九七〇年代のわたしを特徴づけているのは不活性と停滞であった。そしてもし人生を構成しているもろもろの時期が、ヨーロッパ中世に行われていた錬金術の過程に対応しているとすれば、その当時のわたしはニグレド、つまり鉛のように暗くて重い卑金属が、微睡《まどろ》みのなかでゆっくりと変化に向かって立ち上がろうとする時期に相当していたような気がする。

一九七〇年代の終わりごろになると、そうした若き隠遁者の生活にも若干の活性化の徴が見えるようになる。わたしは何人かのシネフィル(映画好き)の友人と語らって同人誌を始めるようになり、修士論文に精力を注ぐかたわらで映画批評の執筆に強い情熱を抱くようになる。一九七九年に決定的な転機が生じる。先に書いたように、わたしはまったくの偶然から韓国の大学に日本語教師として向かい、そこで大きな解放感を体験することになった。隣国での一年間の滞在はわたしに、長い間回避していた歴史と政治の問題をふたたび思考の対象とする契機を与えてくれた。その後のわたしの来歴については、もはや語ることもないだろう。それは現在のわたしにまで直結している物語であり、わたしは現在進行形の事件として、その逐一を文章に仕立てあげてきたからである。

第一章

荒地のキャンパス

一九七二年四月、わたしは東京大学教養学部文科三類に入学した。本来であるならばその前年に入学してしかるべきではあったが、受験勉強を途中で放棄してしまったことが災いして、その年はみごとに入学試験に不合格となり、一年間の浪人生活の後、再度受験して合格したわけである。

入学式は行われなかった。三年前の一月一九日、本郷の安田講堂は新左翼の学生の立てこもりとそれを排除せんとする機動隊との闘いによって、内部が徹底的に破壊されており、ほとんど修復もされずに閉鎖されたままであったためである。わたしが入学する三ヶ月前の一九七二年一月一九日には、講堂陥落三周年を記念して大量の革マル部隊が講堂前の広場で集会を開いていた。革マルは二月に入ると駒場の第一本館にある学部長室を一時的に占拠し、民青系の自治委員長に重傷を負わせていた。同じ月に駒場では群小の諸党派からなる組織が第七本館にバリケードを築き上げ、無期限ストを宣言すると、第一、第五本館でもそれに共鳴してクラス単位でバリケード闘争が展開された。バリケードは当然のごとく、二月三日の入試の直前に、機動隊導入によって解除された。

東大闘争は一九六九年に表向きは「解決」したとされ、民青が第二自治会を作り上げて主導権を握った時点で、学内の秩序は回復されたように見えた。だがそれは上辺だけのものにすぎず、実際にはいたるところで埋み火が燻ぶっており、そこに強引に革マルが乱入しようとしていた。このような一触即発の状況ではとうてい入学式を開催することは不可能だと、大学当局は判断したのだろう。

ちなみに一九七六年、わたしが大学を卒業するときにも、卒業式に類する儀式はなされなかった。事務所に行けば卒業証書を渡してくれると教えられたが、わたしは面倒くさいのでそのまま打棄っておいた。というわけで、わたしはいまだに証書を所有していない。ともあれ一九七二年にわたしの学年は確固たる時間の分節をなされないまま、なし崩し的に新学期に突入し、講義を受けることになった。わたしの記憶では、四月の時点では正常な授業は行われていなかった気がする。曲りなりにも規則的に教室が開かれるようになったのは五月に入ってからであって、それも最初のうちはしばしば授業料問題をめぐるクラス討議によって中断されていた記憶がある。

一九七一年度まで一万六千円であった国立大学の年間授業料は、わたしの入学した年に一挙に三倍の四万八千円に値上がりすることになった。私立大学との格差を少しでも緩和するためというのが文部省のいい分であったが、それは当然東京大学の学生たちの反撥を招くことになった。先に述べた二月のバリケードの直接の動機は、この値上げに対する反対闘争であった。わたしもまた、わずか一年遅れたおかげで不当に高い授業料を払わなければならないのかと思うと、納得のいかないものを感じていた。入学手続きの日に配布された学則一覧を読んでみると、そこに授業料免除のための規定が詳しく記されていた。そこでわたしは、父親が家を出て行って両親が離婚係争中であることを理由に、この制度が自分に適用できないだろうかと考えてみた。書類を作成し、万が一を期待して大学の学生課に提出してみた。すると何としたことか、入学早々そのようなことを思いつく学生がいなかったためだろう、わたしの申し出はいとも簡単に受理されてしまった。わたしは大学の四年間を、授業料を支払うことなく過ごした。それどころか味を占めたわたしは、大学院に籍を置いていたその後の五年間も、同じように授業料免除を申請し続け、それはほとんど自動的に受理されることになった。

東京大学の教養学部は井の頭線の駒場東大前駅の東口を出たところにある。駒場はわたしにとって、小学校の補習教室時代から親しい場所だった。わたしが通った東京教育大学農学部附属中学校も附属高校も、駒場東大前駅の西口を出てしばらく歩いたところにあった。東京大学に進むことは、出札のさいに駅の西口から東口に場所を替えることにすぎなかった。駒場の教養学部は一九六八年から六九年にかけてバリケード封鎖され、外部の者の入構が原則的に禁じられていたが、わたしはそれ以前の中学生の時分から構内の生協書籍部で本を買うことに慣れており、大学の近辺にあるラーメン屋や蕎麦屋、本屋、喫茶店なども、ことごとく知っていた。キャンパスを歩けば、高校時代に見かけた顔をいくらでも発見することができた。「なんだ、お前、ここにいたのかよ」と合図をしながら、わたしたちは擦れ違うのだった。

わたしは大学でフランス語を第二外国語とするクラスを選んだ。中学時代に開始された濫読の習慣のなかで、わたしは外国文学に深い親しみを感じるようになっていた。一五歳のときには漠然とリルケとマンのドイツ文学に憧れ、一六歳ともなるとランボーとロートレアモン伯爵がそこに加わった。ブルトン、バタイユからボリス・ヴィアンまで、わたしは二〇世紀のフランス文学にしだいに関心を寄せるようになり、それを決定的にしたのが一八歳のときに読んだセリーヌの『夜の果ての旅』だった。三日三晩をかけてこの長編小説を一気に読み終わったわたしは、人生をあらかた過ごしてしまったかのような虚脱感に襲われた。

こうしてわたしはフランス文学に親近感を覚えるようになっていったが、自分がフランスの地を踏むなどということはまず考えてもいなかった。パリとはセリーヌとゴダール、それにミシェル・ポルナレフが住んでいる土地というだけで、どこまでも漠然とした印象のもとにあり、自分が大学の専攻をフランスの文学や美術に決めることはあるまいという予感はあった。当時のわたしはひどく傲慢であって、そういった分野はアマチュアのディレッタントの域に留まっているだけで充分だと信じていたのである（現在はかならずしもそうは考えていない）。では何を専攻すべきなのか。哲学か、心理学か、それとも歴史学か。だが入学したばかりのわたしにとって、それ以上考えを進展させることはできなかった。わたしはまだ言語学や宗教学といった学問があることも知らなかったし、第一に専攻決定は二年生の夏ごろまででよかったからだった。もっとも別段将来に研究者の職に就くことを考えていたわけではないが、時間的余裕のある大学時代に語学だけはきちんと仕込んでおかねばならないという決意だけは、最初から抱いていた。英語とフランス語、できればラテン系の言語をもう一つ。現在の自分からは想像もつかないことだが、当時のわたしはアジアの言語と文化に、何の観念も関心も抱いていなかったのである。

わたしが属することになった47LⅢ8組というクラスには、八名の女子学生を含めて五〇名ほどの学生がいた。「ほど」と書いたのは、講義にいっこうに顔を出さない学生が少なくなく、高校時代と違ってそこには、濃密な人間関係を打立てる機会がほとんどなかったためである。もっともその原因のひとつは、わたし自身の態度に関わっていたはずである。高校時代のバリケード闘争をめぐる後処理が原因となって、わたしはそれ以後何ごとにつけても、未知の他人に対してつとめてシニックな態度を取るという不幸な習慣ができてしまい、そこに若者に特有の気取りやらスノビズムが絡み合って、わたしは人から見ていくぶん気難しい人間と思われていたのではないかと思う。それでもしばらく時間が経つうちに、何人か親しく話しあったり、下宿や家を訪れあったりする級友ができることになった。

都立高校出身の何人かの学生はきわめて早熟であり、文学と音楽について一家言をもっていた。一生プルーストさえ読んでいれば幸福ですと、自己紹介のときに宣言する者もいたし、新宿の紀伊國屋書店で万引きをすることにかけては自分の右に出る者はいないと豪語する者もいた。ある学生はとりわけジャズとブリティッシュ・ロックに滅法詳しく、フリージャズの世界をわずかに垣間見ただけのわたしに、チャーリー・クリスチャンからアート・アンサンブル・オブ・シカゴまで、さまざまな音楽の世界があることとの手解きをしてくれた。高校時代から誰とでも寝ると噂されていた女子大生がいて、その噂を懸命になって否定してまわるファンの男子大生がいた。週刊誌に「東大生のヌード写真」なるものを発表して、一時話題を呼んだ女子大生もいた。ひどく思いつめた口調で早口で喋る、いかにも苦学生といった雰囲気の学生がいたかと思うと、精神病院で短くない歳月を過ごし、ようやく回復して大学に戻ってきたという学生もいた。彼はもう相当に歳を食っていたのか、額は半ば禿げあがり、ドストエフスキーのように長い顎鬚を伸ばしていた。

クラスのなかには、入学してしばらくすると姿を消してしまった者もいた。玉木正之というその学生は、大学に入ったら思う存分演劇活動をしようと青雲の志を抱いて京都からやって来たものの、万事にクールな東大生の間に同志を見つけることができず、情熱を空回りさせたあげくに退学してしまった。彼は演劇に挫折するとスポーツライターに転じた。わたしは彼が昨今のTVで日本の保守層に迎合する「大衆的」言辞を吐いているのを見かけるたびに、痛ましい気持ちに襲われる。一九七二年にわたしたちが入学したとき、駒場にはほとんど演劇らしきものは存在していなかった。野田秀樹が「夢の遊眠社」を始め、そこから株分かれをするようにして如月小春が出現するようになるのは、それから四、五年先のことである。もし玉木が数年遅れて大学に到達していたならば、彼は本来の演劇的情熱を投影できる相手に出会うことができたかもしれない。わたしたちが辿り着いた駒場キャンパスは文化的に荒涼とした場所であり、第一次大戦の直後を指してT・S・エリオットが用いた言葉を借りるならば、the Waste Landといってもよかったかもしれない。

こうした学生のなかでも一番目立っていたのは、水戸高校から来た久我英二という学生だった。彼は普段は奇抜なアメリカンファッションに身を包み、シティボーイを気取っていたが、ひとたび酒を呑み出すと人格が豹変して、女子大生たちの存在などまるで無視して延々と春歌を歌い出すという特技をもっていた。それはわたしに観たばかりの大島渚の『儀式』に登場する地方の旧家を思い出させ、彼が濃密な血縁と地域の共同体のなかで育まれてきたという推測を許した。

わたしと久我との間には不思議なエピソードがあった。入学した年の五月のことであったが、二人は何か事務手続きの用事があって本郷の校舎を訪れた。用件が早くすみ時間が余ったので、観光客よろしく三四郎池から安田講堂までを見物していると、たまたま通りかかったサラリーマン風の男が、写真を撮っていいかと尋ねてきた。わたしたちは断る理由もなかったので撮影に応じた。それから二ヶ月ほどして、誰かがわたしに『エコノミスト』の最新号を見せてくれた。そこには「かつての激戦地のまわりも、今やカラフルなファッションでいっぱい」というキャプションのもとに、二人の長髪の若者が帽子とサングラスをしながら安田講堂の下で対話をしている映像が掲載されていた。久我とわたしだった。二人にむかってシャッターを切った男は、おそらく経済学部あたりの研究室を訪れ、教授から原稿を受け取ってきたばかりの編集者だったのだろう。わたしたちは頁一面に引き伸ばされた写真を見て、大笑いをした。わたしもまた久我と同様に、相当に奇抜な服装をしていたからだった。久我はその後、オカルトの研究でぶ厚い卒論を書くと、当時若者文化の先端を行っていたある雑誌社に就職した。もう一人、わたしに強い印象を与えたのは、法貴和子という女子大生だった。彼女はおそらくクラスのなかで飛びぬけて語学が出来た。というより言語的な想像力に長けていた。フランス語の講読のさいに、普通であれば辞書通りに「下品な」と訳しておけばすむvulgaireという単語を、わざわざ「町の人たちの」と訳してみせる才能をもっていた。どこに住んでいるのかと尋ねてみると、田園調布の駅を降りて一番大きな家はどこかって人に聞けば誰でも教えてくれるわと、彼女は悪びれずに答えた。その母親は三年前に安田講堂の前で割烹着を着て学生と機動隊にキャラメルを配った人物で、実際に会ってみると博愛精神に満ちた女性だった。法貴和子は大学を卒業するやただちにロンドンに渡り、やがて彼地でパンクロックのバンドを結成した。後にロンドンに渡ったわたしは、彼女に誘われるままアパート乗取りに参加した。わたしの思い出のなかで、彼女はけっして物怖じをしない、独自の才能をもった女性として輝いている。

わたしが習うことになった教師たちについても、簡単に印象を記しておきたい。

初級のフランス語を担当したのは、中央大学から出講に来ている丸山圭三郎だった。彼はアーベーセーも知らない初学者たちに向かって、いきなり中級の教科書を与え、冒頭に掲げられた

Regardez ce jardin. という文章を一時間かけて細かく説明することから、文法を教え出した。それが「お庭をごらんなさい」という意味であることに到達するまでに、動詞の時制と法についての概略をわたしは教えられた。体系を演繹的に語るのではなく、具体例のなかに宿っている体系を引き出すというこの教授法には、一つの哲学があった。

ＮＨＫの教育ＴＶでもフランス語講座を担当していたくらいであるから、丸山さんはきわめて明晰なエロカンスをもっていた。だが学生がどのくらい理解できるかという問題など省みず、ときおりかなり vulgaire な冗談を口にした。大久保という名前の学生がいたら、フランス語では「すごい尻」という意味になるから、パリには留学しない方がいいでしょうとか、フランスでは独身女性は対話が開始されて一五分以内に、自分が目下男友だちを探しているところかどうかをさりげなく相手に知らせるものだが、自宅の化粧室には護身用にあえて男物のバスタオルや髭剃りを散らばらせておくといった、どこまで本当かわからないような話である。ある学生が、「僕はボードレールを読むためにフランス語を学んでいます」と片言のフランス語を駆使して話すと、彼は「きみの現在の語学力で『悪の華』を読もうとするのは、ポエジーへの冒瀆です」と真顔で答えた。丸山さんの授業は水曜日の第一時間目に当たっていたが、不思議と人気があった。わたしはやがて本郷に進学すると、彼のソシュール言語学の授業を二年連続して受講することになった。

丸山圭三郎の授業はときに学生を当惑させることこそあれ、明晰かつ論理的であり、まだ常識の範囲内にあった。というのも真に奇矯な教師がその後に二人連続したからである。パリでの留学を終えた蓮實重彦が教室に登場したのは、一年の秋学期の最初の授業のときだった。彼はまず学生たちに向かって、フランス語で言葉というときにはどのような単語があるでしょうかと尋ねた。何人かの学生がそれに答えた。彼はそれを纏めて黒板にparole, langue, langageと大書すると、その一つひとつの単語の微妙な意味の違いについて、細かな説明を行い、「この三つの区別がつかないでいると、『言語にとって美とはなにか』の吉本隆明のように、お猿さんのような本を書いてしまうのです」と、ニコリともせずに語った。ちょうどこの書物をめぐって読書会を予定していた何人かの学生たちは、その一言ですっかり萎縮してしまった。その後に続く講読の授業は、ただひたすら教科書の巻末に付けられた日本人註釈者の記述の誤りの指摘に費やされた。蓮實さんはひどく攻撃的で、先行者の翻訳と註釈を罵倒することに歓びを感じているかのように思われた。授業中に「わたしがいずれ文部大臣になれば」という言葉を繰り返すのがおかしくて、何人かの学生がその真似をした。後に彼は東大の学長の座に就いたが、はたしてそれで彼の野心は満足したのだろうか。

阿部良雄は、自分の勉強のためにと前置きして、フランス語の歴史に関する書物を教科書として取り上げた。彼は学生の訳読の一字一句を細かく探索し、いささかでも曖昧なところを発見すると、「いいですかあ……」と大上段に刀を振り上げるようにして徹底した批評を開始するのだった。その厳密にして正確なスタイルは、単に語学の授業という次元を超えて、彼の生活のすべてを律しているように思われた。だがその傍らで彼は突然前後の脈絡もなく、美しいフランス語を話したいと思ったらセリーヌの文章を暗誦することですとか、野坂昭如は世界最大の作家だといった言辞を口にするのだった。ベルギーという言葉を口にするときには、枕詞としてpauvre（哀れな）を先に付けるのが嗜み[*03]ですと、このボードレール学者はいった。もちろん学生たちは誰一人として、この高踏的な冗談を理解できなかった。いやもし理解できる者がいたとしたら、阿部さん本人が困ってしまったことだろう。

ともあれこうした奇矯な教師たちのおかげで、わたしたちのクラスが一年生の終わりにはなんとか辞書さえ引けば、それなりにフランス語のテクストを読めるようになったことは事実である。二年に進んだときフランス語を担当した渡邊守章は、いきなりジャン・ジュネの演劇についての専門的な論文を教材に選び、ブレヒトやらデリダに言及した授業を始めた。水遊びをしていていつしか浅瀬が終わり、急に背の立たない深さの場所まで出てしまった気持ちがしたが、わたしは何とか脱落しないで授業についていった。

当時、新宿には紀伊國屋書店が東口に一軒しかなかったが、そこの洋書売り場はフランス語の書物で充実していた。初めて手に取るスイユやミニュイの書物は、白地に簡単な罫線と活字だけの表紙で、その簡潔さが好ましかった。日本の書物のようにあらかじめ頁ごとに紙が切れているのではなく、読むたびにペーパーナイフで頁と頁の間に切れ目を設けなければならない書物があることに、わたしは驚いた。わたしは評判になっていたフーコーの『言葉と物』の原書を手にとってみたが、これはどうも歯が立ちそうにないと判断して店の棚に戻し、はるかに薄く読みやすそうなロブ＝グリエの『嫉妬』を買った。文章に不思議な繰り返しが多く、真面目に読んでいてもこれは作者が冗談で書いているとしか思えないような変な記述がいくつもある小説であった。ともあれそれはわたしが最初に通読したフランス語の書物となった。だがこの書物を読み終わる前に、すでにわたしは別の書物、フランシス・ポンジュの『物の味方』を買い求め、単純そうに見えて微妙に癖のある散文詩に挑戦していた。「雨」という詩の結末がただ単に Il a plu. という簡潔な表現であることに、わたしは感動した。雨が降った、降り終わった。だがこの表現には、It has rained. という英語にはない、容赦なく完結した雰囲気があった。わたしは自分が勉強した分だけはフランス語が読めるという事実に、これまでに体験したことのなかった快感を感じていたのである。
ちなみにいうと、四〇歳代に入ってわたしはフランス語の書物を手に取る習慣をほとんど失ってしまった。イタリアの文学と映画に熱中するようになったのがその原因の一つであり、フランス語は映画関係の記事を雑誌で読むばかりである。すっかり錆びついたこの言語にもう一度リハビリを体験させるだけの時間と気力が、これからのわたしにはたしてあるのだろうかと思うと、わが身の怠惰が悔やまれてならない。

語学の授業ということでは、一つだけ納得のいかないことがあった。イタリア語を学びたかったのだが、その講座がなかったのか、別の必修の課目と被さっていて履修登録ができなかったかで、授業を受けることができなかったのである。東京大学はさすがに官僚養成の大学として設置された歴史をもつだけあって、明治時代に規範としたプロシア帝国の質実剛健な言語を学ぶことはできても、国家統一をようやく成し遂げたばかりの逸楽と怠惰の民の言語を習得するには、充分な条件が整っていなかった。わたしが卒業した後、曲りなりにもイタリア文学を専攻する単独の学科が設けられたが、数年のうちに改組させられ消滅した。そのためわたしはイタリア語を、カルチャーセンターの夜学に通って勉強しなければならなかった。これは韓国語に関しても同様である。東京大学は明治以降の「脱亜入欧」の方針を崩さずアジア蔑視の原則を貫いており、愚劣なことにいまだに韓国語学科の設置を認めていないのである。

イタリア語は駄目と判断したわたしは、代わりにとスペイン語のクラスに出席してみた。大教室に学生たちがまばらに座って待っていると、担当の非常勤講師が遅れてやって来て、皆さんはどうしてスペイン語を学びたいのですかと尋ねた。何人かが歴史を専攻したいからとか美術の研究をしたいからと動機を答えた。やがてわたしの順番になった。わたしは生意気にもボルヘスの短編を原語で読みたいからですと答えた。「ボルヘス？　とんでもない。あんな難しいもの、きみたちが読んだってわかるものですか」と教師は答え、露骨に顔を顰めてみせた。現在よりもはるかに直感力と決断力に恵まれていた一九歳のわたしは、もうこの反応だけでこんな馬鹿教師には習いたくないと判断し、それっきりスペイン語の授業に出ることをやめてしまった。後にそれは大きな後悔の原因となった。ハバナの市場やマドリッドの雑踏のなかで立ち往生してしまったとき、わたしはどうしてあのとき、自分が軽蔑した人間ともうまく折り合いをつけていくという智恵をもっていなかったのかと、反省しなければならなかった。

語学ではない一般教養の講義はどうだったのだろう。これは残念なことに、ほとんど印象がない。最初のうちは大教室で開催されている社会思想史や哲学概論の授業を覗いてみたことがある。いずれもわたしの興味をそそるものではなかった。国際関係論の授業では菊地昌典が、労働者が工場を自主管理しているユーゴスラビアはすばらしいと絶賛していた。そんなこと、あるわけがないじゃないかと、わたしは思い、それだけで講義に出席することをやめてしまった。社会学では松下という教授がマリー・アントワネットのお菓子好きの逸話を引いて、イデオロギーとは何かを説明していた。隣にいた学生が「この先生は一〇年まったく同じことを話しているのだぜ、冗談も同じさ」と耳打ちしてくれた。後で彼の昔の講義録のコピーを見せてもらったところ、その通りだった。わたしは馬鹿馬鹿しくなって、そのコピーを受け取ると、講義に出席せずに試験だけを受けて単位をとった。大学教師とは何と楽な商売だろうという感想をもったのである。

もっともその同じ職業に就いて二六年を経た現在のわたしは、別の考えを抱いている。それが語学であれ、専門の人文科学であれ、初学者のためには独創的な最新の知識や方法論ではなく、長い時間をかけて練り上げられた定番メニューの講義の方がいいのである。その方が、どうしても知っておかなければならない基礎的知識を能率よく理解できるからだ。それに生身の人間の声を通して摂取した方が、知識は確実に自分のものになる。わたしはコンビニでのアルバイトのため自分の表象論序説の授業にいっこうに出てこようとしない学生を残念に思いながらも、自分の若き日の傲慢を恥ずかしく反省しないわけにはいかない。

わたしが大学に入学した一九七二年というのは、どのような年だったのだろうか。この年の二月に連合赤軍があさま山荘で警官隊と激しい銃撃戦を展開し、全員が無傷で逮捕された直後に、彼らが同志たちをリンチ殺人にかけていたことが発覚した。このとき人々は一様に深い意気消沈に見舞われた。それは想像するだに悍《おぞま》しい事件だった。それまでは新左翼の学生運動に好意や期待を抱いていた者たちは、この事件を契機としてあたかも波が退いてしまうかのように、運動の動向に冷淡になっていった。

世界的に見ると、一九六八年から六九年にかけて人々を熱気と興奮で掻き立てた社会のパラダイムは、この一九七二年に大きく組み替えられようとしていた。ヴェトナム戦争は事実上停滞状態に陥り、アメリカの敗退はほぼ決定的なものになろうとしていた。ニクソンは二月に訪中し世界中を驚かせたが、ウォーターゲイト事件が発覚して、八月には辞任に追い込まれた。ヴェトナムの代わりに世界情勢で注目を浴びることになったのは、パレスチナ解放闘争だった。五月には日本赤軍の兵士三名がイスラエルのリッダ空港で機関銃を乱射し、多数の死者を出した。また九月には折りしもミュンヘンでオリンピックが開催されている期間中、「黒い九月」を名乗る集団がイスラエル選手団を人質にし、これも激しい銃撃戦を展開した。話を日本に戻すと、五月には沖縄が本土に「復帰」し、この大役を果たした佐藤栄作が、長期政権の終焉を宣言した。彼は後にノーベル平和賞を受けた。佐藤の代わりに総理大臣となった田中角栄は、以前から提唱していた日本列島改造法案を本格的に実行に移し、九月には中国との国交回復を実現させた。それを記念して上野動物園にパンダが贈られると、たちまち大変な人気を呼んだ。社会は確実に好景気であり、日本人は長い間忘れていた贅沢ごとを再開することが、もはやけっして困難ではないことに気づくようになった。ブラウン管のなかでは水色とピンクの服を着た天地真理が、優しく微笑しながら幸福そうに歌っていた。反体制的な内容をもった貧乏臭いフォークソングが周縁に追いやられてしまうと、荒井由実(後に松任谷由実)が都会の消費社会を前提としたニューミュージックでデビューした。東京では最初の都市情報誌『ぴあ』が創刊され、映画演劇からコンサートまであらゆる娯楽情報を若い消費者に提供するようになった。上村一夫の漫画『同棲時代』が話題を呼び、若いカップルの同棲がいたるところで目に付くことになった。結婚と愛とセックスという、一九六〇年代にはそれなりに信じられていた三位一体に、亀裂が生じるようになった。少女たちは池田理代子の漫画『ベルサイユのばら』に歓喜し、少年たちはクリント・イーストウッドの『ダーティ・ハリー』とアメリカン・ニューシネマに熱中していた。

とはいうものの、わたしはこうした時代の流行のことごとくに、どこか違うなという気持ちを感じていた。パンダにも、ニューシネマにも、『ぴあ』にも、荒井由実にも、もとより興味が感じられず、それらが奏でている多幸症的な雰囲気に不機嫌な感情しかもつことができなかった。おそらくそれが一九六八年の高校一年生のときであったなら、まったく違っていたことだろう。わたしは持ち前の好奇心に促され、とにかくすべての新奇なるものに手を伸ばしていたはずである。だが一九七二年は違っていた。すでに社会も、そしてわたしも変わっていた。難解にして危険なもの、非公認でアンダーグラウンドなもののほとんどが姿を消し、時代はいつしか「金持ち喧嘩せず」の原理のもとに自動的に進行しているように思われた。わたしは初めて時代との齟齬を感じた。もはやラジオでポップスのヒットチャートを追い駆けることはなくなった。わたしは最新流行なるものを見失い、これからは同時代からも世代からも明確に距離を取って生きようと決意するようになった。今日にまで続くことになる、わたしの時代へのスタンスは、この時期に形成されていったといえる。

それではわたしは何をしていたのだろうか。高校と予備校の陰鬱な桎梏から逃れたわたしには、ともかく莫大な時間が大海原のように目の前に拡がっていた。わたしはただちに、浪人時代には自制していた書物の濫読に戻った。奨学金が交付されるやその足で高田馬場まで行き、早稲田の古書街をめぐって両手に抱えきれないほどの書物を手にすると、吉祥寺の家に持ち帰った。多くの大学生の例に漏れず、わたしもまた中学生に英語を教えるといった家庭教師のアルバイトを始めた。わたしが担当する子供は大概の場合、勉強がまったくできないか、それとも群を抜いてできるために学校で退屈しているかの、どちらかだった。しだいにわたしは、家庭教師とは実は子供相手ではなく、むしろその母親相手の仕事であると考えるようになった。要するに彼女が子供の教育をめぐって安心し納得さえすればいいのだと考えるようになったのである。あるとき高校時代の友人が、家庭教師よりももっといいアルバイトがあるのだがといって、わたしに配電工事の仕事を回してくれた。田中角栄が首相となり、全国いたるところでビル建築のラッシュが生じていた。期日までにどうしても配電工事を終えておかなければならないのだが、資格をもった配電士がなかなか揃わない。わたしは早稲田の工学部を出た配電士という触れ込みで、吹きさらしのビルの工事現場で徹夜で配電作業をする手伝いに雇われた。これは確かに、当時のわたしには信じがたい収入となった。もはやこれまでのように、新刊書の裏側の値段を一冊ごとに確認してから購入を検討するということなど、しなくてもすむようになったのである。それはわたしにとって幸福の定義であった。長い間手が届かなかったブランショの

『文学空間』も、カフカ全集も、夢野久作全集も、わたしはこうして揃えることができるようになった。おそらく現在のわたしの文学についての基本的考え方は、この時期の濫読によって形成されたといえるだろう。それが大学の専門課程に進学するようになると、読書傾向に系列化がなされるようになってゆく。空腹の子供が眼前の菓子を貪り食うような読書から遠のいてしまうのである。

この二年の間にわたしは名画座から名画座へと梯子しながら、実に夥しいフィルムを観ている。この書物は映画論ではないので、その一本一本について詳しく論じるには別の機会をもちたいが、とりわけ強い衝撃を受けたフィルムを三本だけ掲げておきたい。ひとつはポーランドのイェジー・スコリモフスキーが亡命してイギリスで撮った『早春』だった。ロンドンの場末の盛り場にある温水プールで働いている少年が、ふと知り合った少女に絶望的な恋をし、彼女にそっくりのダッチワイフを探し当て、最後にプールで彼女を殺害してしまう物語である。プールの温水が鮮血に染まってゆくなか、少年が恍惚とした表情を浮かべるくだりまで来たとき、わたしは不意に『マルドロールの歌』を想起した。そこにはある年齢を越してしまうと二度と体現することができなくなるような、無垢にして残酷なエロティシズムが、あたかも奇跡のように実現されていた。もう一本、ベルトルッチの『ラストタンゴ・イン・パリ』にも、わたしは深く魅惑された。このフィルムはわたしに、まだ訪れたことのないパリという都会が、腐臭と汚穢に満ちた場所であることを、セリーヌの小説に続いて啓示してくれた作品だった。とはいえ老いを前にしたマーロン・ブランドの絶望はまだわたしには遠いところにあった。彼が自分の妻の通夜にその男友だちと出会って対話をする場面を、現在のわたしであれば以前とまったく異なった風に受け取ることだろう。

だがこの時期のわたしをもっとも驚嘆させたのは、ヨーロッパの芸術映画でも、ハリウッドのパニックものの大作映画でもなかった。それは香港で爆発的なヒットとなり、いまや世界中のアクション映画の文法を塗り変えようとしている李小龍の『燃えよドラゴン』だった。一九七三年の暮れに公開されたこのフィルムを観たわたしは、ただちにドラゴンに夢中になった。わたしの熱狂は留まるところを知らず、家庭教師先の子供といっしょに練習用のヌンチャクを振り回し、その家の高価な花瓶を割ってしまうところまでいった。それはわたしがこれまで一度も観たことのない美学的様式をもった作品だった。この最初の衝撃から三〇年の後、わたしは香港の電影資料館に足繁く通い、ついに李小龍の評伝を書き上げることに成功した。

音楽に関していうと、この時期はわたしにとって大きな転換期に当たっている。高校時代にあれほど熱中していたロックに対し、わたしの情熱は急速に冷めていった。レッド・ツェッペリンからTレックスまではコンサートに通ったことを記憶しているが、グランド・ファンク・レイルロードあたりからは騒音の集合ぐらいにしか思えず、投げ出してしまったことを憶えている。ジャズは大物が来日するたびに、せっせとホールに通った。舞台の上でマイルス・デイヴィスは演奏中ときに苦しそうな表情を見せながらも、それでもみごとな指揮者ぶりを発揮していた。ドン・チェリーは飄々とした身振りで楽器から楽器へと移り歩き、アート・アンサンブル・オブ・シカゴは演奏の途中ですべての楽器を放棄し、演奏するふりをしばらく続けるといったパフォーマンスを行った。息の続くかぎり吹き続けるといったフリージャズの理念はこのころ、ユーモラスな擬態へ少しずつ移行しようとしていた。セシル・テイラーの舞台でも土砂降りの雨のようなピアノ演奏が一段落すると、彼は奇妙な寸劇めいた仕草を始めた。日本の評論家たちはそれを理解できずに揶揄的に評したが、実は即興演奏をめぐるモードが転換しようとしていたのである。

もっともマイルスの失踪と時を前後してフュージョンが台頭してきたとき、わたしはもうこれは聴かなくともいいやという気になった。その代わりに熱中するようになったのが現代音楽であった。わたしは大学図書館の隅に、誰もがその存在を忘れてしまっているレコードライブラリーを発見すると、ほとんど独占状態でその収蔵品を借り出した。シェーンベルクに始まって、ブーレーズ、クセナキス、ベリオ、ケージ……それは文字通りまったく未知の鉱脈であった。それまでのわたしは音楽とは、演奏者の自己表現を通してどこまでも人間を情動的な興奮へと導いてゆく手立てであると考えていた。だがわたしが接近しつつあったこの音楽のジャンルはわたしに、音楽とはどこまでも知的に構築された秩序であり、またその秩序の意図的な解体であることを教えてくれたといえる。わたしはキャシー・バーベリアンが朗誦するように歌うジョイスの『フィネガンズ・ウェイク』に恍惚とした気分を体験し、ブーレーズの『ル・マルト・サン・メートル』の演奏に、針の一本でも落ちれば世界全体が響き渡るような虚空の緊張を知った。もっともわたしの身近には、こうした音楽の愉しみを語り合う友人は一人もいなかった。わたしはただファーブルの『昆虫記』に登場する黄金虫のように、誰もいないライブラリーに忍び込んでは、孤独に音楽を聴くことで時を過ごした。

第二章

内ゲバの記憶

ここでわたしはある逡巡のもとに、それをあえて押さえつける気持ちをもって、駒場キャンパスで生じていたある陰鬱な現象について書き記しておきたいと思う。本章の冒頭で軽く言及したことではあるが、内ゲバのことである。ドイツ語で「暴力」を意味するGewaltに由来するこの和製外国語は、新左翼のセクト間でなされる暴力的応酬とその結果引き起こされる殺人を、いつしか意味するようになっていた。

内ゲバについて書くことは、正直にいって長い間躊躇してきた。わたしは高校時代からセクトの活動家というのが嫌いで、その旧日本軍兵士に似た、周囲を威圧するような権威主義と禁欲主義にけっして馴染むことができなかった。というわけで大学に入ってからも、革マルや社青同の勧誘に乗ることはなかったし、彼らと行動をともにすることは絶えてなかった。そのため内ゲバに関しては、その実態からはるかに遠い部外者であった。

当座にその場にいなかった者には語る資格がないという判断が、まずわたしの内にはあった。端的にいってわたしには語る資格がないのだという理由から、この件については口を噤んでいようと考えたこともあった。たとえば標的にされたためいつ殺されるかわからない立場にあった人物が、日夜どのように追い詰められた心理状態にあったかを、わたしは忖度することができない。わたしのクラスでも、授業が終わると突然、いかにも特定セクトに属する学生が三、四人入ってきて、一人の学生を目敏く発見すると、彼を取り囲んで小突きまわすという光景を目撃したことがある。キャンパスで日常的に行われていたこうした脅迫行為に対し、他の学生たちは見て見ぬふりをしていた。当事者が感じ取っていた恐怖の大きさは、いかにわたしが状況を文献的に再現しようとも到達の可能なものではない。これがわたしの躊躇の原因であった。だがあるときわたしは、この考えを訂正しなければいけないと考えるようになった。ずっと後になってからのことだが、内ゲバにそれなりに関わっていた人物と話をすることになって、当事者たちも充分に事件の全貌を把握できない状況にあったと知ったためである。日共反日共を問わず、あらゆる組織という組織は徹底した秘密主義によって貫かれていた。秘密部隊に属する「兵士」たちは、自分がどこの誰を襲うのかを告げられないままに、ある時刻にある場所で暴力を振るうことを命じられ、その結果を知らされないままに準備された車で逃走するのだった。チェスタートンの『木曜日の男』や若松孝二の『天使の恍惚』に似て、組織の下方に属している者には何も知らされていない場合がいくらもあった。誰も内ゲバについては、全体を総括して語ることができず、各自の視点からしか語りようがないという事実は、純粋な傍観者としての「わたし」という立ち位置に対し、認識の怠惰を非難してくるように感じられたのである。

もう一つ、わたしが沈黙を改める契機となったのは、一九九〇年代から現在にいたる間に、中国、韓国、タイでかつて学生運動に参加していた者たちと対話をする機会が多々あり、彼らの口から運動の途上に体験したさまざまな恐怖を聞かされたことがあった。紅衛兵だったある人物は、北京の清華大学では校庭に地雷を敷いてまで、対立するセクトの侵入を防いだという話をした。韓国で民主化運動の圏内にいた人物は女性ではあったが、官憲の性拷問の苛酷さを語り、それらはすべて歴史として記録されるべきであると強調した。韓国の学生たちの間では内ゲバは生じなかった。金日成を支持する派も、それに反対する派も、ともに政府とアメリカという巨大な敵を前に大らかな連帯関係にあった。その代わり彼らが向かったのは際限のない自傷行為だった。彼らは大学の屋上でガソリンをかぶって焼身自殺をしたり、並んで切腹を企てた。屋上から次々と飛び降りる者たちもいた。これは安田講堂からあさま山荘まで、日本の学生運動ではけっしてありえないことだった。

最後にタイの運動家は、白色テロに追われてラオス国境の密林に逃げ、数年間を武装闘争に費やしていたとき体験した仲間どうしの対立を語った。彼らはいずれも日本の連合赤軍の悲劇を漠然とではあるが耳にしており、日本の新左翼の挫折のあり方を知りたいと真剣な表情でわたしに尋ねてきた。わたしは彼らにキチンと答えるためにも、同時代の現象であった内ゲバについて、いつまでも回避の姿勢をとることはできず、自分なりに思考しておかなければならないと考えるにいたったのである。

一九五二年から五三年に生まれたわたしの学年からは、新左翼セクト相互の衝突に由来する連続殺人において、目立った数の犠牲者が頻出している。殺害される側の人間が出たということは、おそらく同じように殺害する側の人間も出たことを意味している。現にわたしが大阪の小学校で同級だったある人物は、大きな自動車会社の社長の孫であったが、わたしに先んじて東京に向かい、大学時代にあるセクトに加盟すると、現在にいたるまで地下活動を続けている。彼は母親の葬儀のさいにも危険を怖れて実家に接近せず、年に一、二回、老いたる父親に電話をするだけという生活を、もう二〇年以上も続けている。またわたしがかつて奉職していた大学には、内ゲバで夫を喪った女性が同僚として勤めていた。彼女は授業の合間にたまたまTVのニュースで、夫が白昼の路上で惨殺されたと知り、顔面が蒼白になった。わたしの同僚たちは彼女を気遣って、誰もこの事件について言及することを避けていた。内ゲバは一九七〇年代にもっとも盛んであったが、それで終了したわけではない。この日本に特有の惨事は、現在もなお継続中であり、犠牲者とその遺族は、事態が何一つ解決されないまま置き去りにされているのである。

わたしは大学に入学した時点で、もはやけっして政治的な闘争には関わるまいと固く決意したが、それでも内ゲバの脅威をまったく身近に感じていなかったといえば嘘になる。もとより世代の旗をむやみに振り回す気持ちはない。だが自分がキャンパスにいた同じ時期に生じた悲惨のいくつかについては、やはりここで当時の所感を述べておきたいと思う。

一九六八年一月に医学部の無期限ストから始まった東大闘争は、あっという間に諸学部に飛び火したが、翌六九年一月に安田講堂の「落城」と入学試験の中止の後、急速に凋落していった。大学当局による強引な鎮静化の結果、民青があらゆる新左翼を抑えて、学生自治会から生協、学生会館、はては新入生歓迎オリエンテーション委員会まで、大半の学生自治組織を支配し君臨することで幕を閉じた。もっとも表面的には平和と民主主義を唱えながらも裏側では武装部隊が、あたかも京都の新撰組のように周囲を威圧してまわっていた。わたしと中学高校で同学年であり、現役で東大に合格した金子勝は、一年生の時点で自治会の副委員長となり、やがてわたしが入学した翌年には委員長となっていた。

この日本共産党の青年組織に対する一般学生の反撥には、わたしが知るかぎり相当なものがあった。それは一種の占領状態だといえた。駒場のキャンパスにはいくつかの新左翼セクトが細々と残存し、失地回復の機会を狙っていた。ある党派は自治会に正式に代表を送り民青と対決したが、別の党派は現行の自治会を民青と大学当局が捏造した第二自治会だと非難し、最後までそれを無視し続けた。わたしが入学する前年である一九七一年秋、新左翼の諸組織は緩い党派連合であるC闘（教養学部闘争委員会）を組織し、翌年二月には（きわめて短期で終わったものの）無期限ストを宣言した。彼らは今度はそこに強引に割り込んできた革マルとの対応に神経を擦り減らさなければならなかった。他にもかつての東大全共闘の残党である入管闘争委員会や、社会主義青年同盟協会派の流れにある部落研究会、それに生長の家や原理運動といった反共組織などが存在していた。

もちろん新入生であるわたしには、こうした細かな見取り図がただちに理解できるわけもなく、またそれを客観的に説明してくれる者もいなかった。それぞれの党派に属する者たちは、対立するセクトを説明するにあたって、さまざまな隠語や罵倒語を並べたててくれるのだが、それはこれまでの複雑な経緯とそこから生じた宿怨を知らない部外者には、とうてい理解を絶する類のものだった。わたしは革マルの活動家に、どうしてそう中核派を眼の仇にするのかと尋ねてみたことがあった。あいつらブクロのケルンパは裏切り者の蛆虫だからだと、彼は憎悪を込めて語った。だが彼は、その敵意の原因となる事件をわかりやすく説明してくれたわけではなかった。中核派は一九七一年六月一五日に明治公園で社青同解放派に内ゲバを仕掛け、彼らを会場から強引に排除してしまった。今にしてみればそれは新左翼の大同団結を文字通り解体せしめた象徴的な事件であった。それ以来中核派に対立するセクトは憎悪の塊と化してしまい、わたしはその性急な口吻に当惑しか感じなかった。

ちなみにわたしの身近にも、セクトに加盟して活動している学生は少なくなかった。ただちに思い出されるのは、ハワイとロクという渾名の二人の学生である。

ハワイは同学年の別のクラスにいた学生で、なぜか鼻が潰れた形をしているため、こうした不名誉な渾名で呼ばれていた。それを教えてくれたのは彼の高校時代の同級生で、もっとも面と向かって本人にそれを口にする者はさすがにいなかったがねと付け加えた。わたしはハワイと口を利いたことはなく、その本名は知らなかった。ハワイは颯爽とした革マル兵士としてZを大書した白ヘルメットを被り、キャンパスで目立っていた。もっともわたしが聞いた話では、高校時代の彼はフォークソングに夢中なだけの、まったく非政治的な目立たぬ人物だったとのことだった。あいつ、まったく変わっちゃったんだなと、かつての同級生はいった。

推測するに、どうやら高校時代のハワイは、同級生たちがどこか自分を軽く見ている雰囲気を微妙に感じとっていたようである。文学の同人誌を作るさいにも、バリケード封鎖を計画するさいにも、軟弱者のハワイに声をかける者はおらず、彼は最初から計算外の場所に置き去りにされていた。大学に進学すると彼はただちに革マルに接近し、真白いヘルメット姿に身を固めて正門前でビラを配り出した。一年前までの彼を知っている者たちは驚いたが、本人はいかにも生まれたときから共産主義者であるかのような立ち振る舞いを見せていた。ハワイがトロツキーを原書で読むためにロシア語を学んでいると聞いたとき、かつての同級生たちは合点がいった。そうか、彼は高校時代になりたくともなれなかった別の人格を改めて生きたかったのだと気づいたのである。政治に先鋭的な意識をもった夢見る文学青年というのが、おそらくこの男が長い間抱いていた青春のイメージなのだろう。もっとも付け焼刃の情熱は長くは続かなかったようで、内ゲバが盛んになると彼はただちにセクトを降りてしまった。ハワイは習いかじったロシア語を、今は何に役立てているのだろうか。

もう一人の方、わたしが親しくつきあっていたロクは、学年でいうとわたしの一年上のクラスだった。彼は地方の素封家の出で、訥々とした口調でミシェル・フーコーのマルクス観を批判した。彼もまた一応何かのセクトに属していたらしいのだが、わたしはそのことで彼から聞いたのは、セクトの親睦会で長瀞に一泊旅行に出かけたのが愉しかったという話だけである。ロクはユーモアがあり、誰からも好かれていた。駒場キャンパスの裏側にある、半ば崩れかかったアパートに住んでいて、いつ遊びに行ってもかならず誰かが屯していた。あるとき彼はデモに出て機動隊とやりあいになり、そのまま拘留されてしまった。そこでわたしと友人とが国許から送られてくる生活費を代わりに受け取り、釈放を待って彼に手渡した。ロクはわれわれにひどく感謝し、二人を焼肉屋に呼び出すと、何でも注文してくれといった。わたしは彼のユーモラスな武勇談を聴きながら、生まれて初めての韓国料理を食べた。

わたしはハワイのことは遠くから眺めているだけだったが、ロクとは親しくなった。あるときロクは大学からふらりと姿を消した。わたしは一瞬、ひょっとして内ゲバで殺されたのではないかと心配したが、それらしい新聞報道はなかった。本郷の専門課程に進むようになると、いつしかわたしは彼のことを忘れてしまっていた。

わたしがロクに再会したのは、それから三〇年以上も歳月が経ってからのことである。ある夕方、行きつけの寿司屋の暖簾を潜ったとき、いきなりわたしの名前を大声で呼ぶ声が聞こえた。カウンターには丸々と太った男が腰掛けていて、ひどく上機嫌な表情をしている。「俺だよ、俺を忘れちゃったのかい」とその人物はいった。それがロクだった。「お前、生きていたのか。てっきり殺されたかと思っていたよ」思わずわたしがこう叫ぶと、周囲の客たちがいっせいにこちらを向いた。彼は今ではある医療施設の重職にあるといい、逃亡とオルグのため日本中を転々とした若き日の冒険をいつか話したいとわたしにいった。わたしは再会の悦びとともに、巨大な時間が経過してしまったことに、今更ながら思い知らされた。

いたずらに思い出話をして時系列を混乱させることは慎むことにしよう。ここで元に戻って、わたしが大学に入学した一九七二年の緊張した状況に、話を戻しておきたいと思う。

入学直後のわたしが受けたレッスンとは、駒場のキャンパスが政治勢力によって細かく分割されていることだった。しばらく前までキャンパスの中央にある三棟の駒場寮は、北寮が民青、中寮が革マル、明寮と三鷹寮とが青解（社青同解放派）と厳格に境界が定められており、それぞれの活動家はけっして対立するセクトの領域内に足を踏み入れようとはしなかった。だが一九七二年の春先に革マルは青解を明寮から追放し、駒場寮全体にわたって大きな支配権を誇るようになっていた。革マルは一九七一年一二月にすでに三名の中核の運動家を殺害し、本格的な内ゲバ戦争に突入していたが、それ以降は青解とも血で血を購う闘いに陥ることになった。

一九七二年の秋には相模原で革マルと中核が大規模な戦闘を行った。一一月には革マルは早稲田構内で川口大三郎という学生を殺害し、事実上この大学には革マルと民青の支配に異を唱える学生は入構できないという状態が、それ以後長く続くことになった。だがこうした一連の事件は、それでもまだわたしには遠い出来ごとのように感じられた。現実に死と殺戮が間近に感じられるようになったのは、二年生になった一九七三年の秋以降のことである。金築寛という学生がいた。痩せて背が高く、縁の厚い眼鏡をしているので、どことなく蜻蛉を思わせる風貌で、相当以前に文科三類に入学したものの、落第を重ねていまだに原級に留まっている革マルの工作員だった。おそらくこの落第は意図的なもので、新入生を「オルグ」するための戦術であったのだろう。金築はハワイやロクよりもはるかに筋金入りの闘士で、用もないのにわたしたちのクラスにしばしば顔を出し、誰にも愛想よく話しかけていた。だが対話の端々にクラスの情勢を探り、民青や青解のメンバーがそこに潜入していないかを探っている素振りが窺えた。

夏休みが過ぎて秋の学期試験が開始されたとき、その金築の姿が見当たらなかった。そのうち誰かがわたしに、「おい、知ってるか」と、声を潜めて話しかけてきた。九月一五日に革マルが神奈川大に立て籠もる青解を急襲した。金築はそのさい、逆に青解にリンチを受けて殺され、山中に死体が遺棄されたのだという。後になってわたしはより細かなことを知らされた。金築は大腿部に五寸釘を打ち込まれ、鼻に鉄パイプを突き立てられていた。傍らには彼の同志の死体があり、それは腹と胸をガソリンで焼いた跡があった。もちろん革マルがこうした仕打ちに黙っているわけがなく、その後三日にわたって東京の都心で激烈な内ゲバが繰り返された。

金築の死が判明して駒場は騒然とした。朝に試験を受けに正門を潜ろうとしたわたしは、駅の前の広場に機動隊が勢ぞろいし、いかにも私服刑事らしき人物が徘徊しているのを目撃した。昼休みに食事に出ようと、同級生と連れ立って裏門を抜けようとすると、フランス語教師の阿部良雄が入構しようとする学生を一人ひとり止めて、学生証を点検している姿にぶつかった。阿部さんの方でもどうやらわたしたちに気づいたらしく、眼を逸らし、背を向けて言葉を交わさないように気遣っていた。明らかに彼は恥じていたのだった。だがその恥は、国際的なボードレール研究家がよりによってかかる警察官紛いの作業をしなければいけないという屈辱からというよりも、現下に行われた暴力に対して、入構学生の誰何という労務を教師に分担して行わせるということでしか対処できないでいる大学当局に対する怒りに発しているように、わたしには思われた。わたしに出来ることは、ただ彼から眼を逸らすことだけだった。昼食を終えたわたしはわざわざ遠回りをして日本民藝館の前を通り、正門から大学構内に入り直すことにした。

惨劇はさらに繰り返された。この九月の事件の後、内ゲバは敵組織の拠点を攻撃するという形から組織に属する個人を「殲滅」する路線へと昂進していった。一九七四年一月二四日には、中核が東大生二人をリンチ殺害した。そのうちの一人、四宮《しのみや》俊治は7組という、わたしの隣のクラスの学生だった。彼は駒場寮に住み、クラスの代議員として積極的に政治運動に参加し、先に殺された金築とも知った間柄だった。もっともその位置は金築のような叩き上げの革マルというよりも、どちらかといえば限りなく彼らに共感を抱くノンセクト学生というべきだろう。その日の朝、四宮は駒場寮で同室であった石田英敬と富山隆という同級生とともに、レンタカーを借りて世田谷区代田のアパートに引越しをしている最中であった。三人とも革マルに近いところにいて、白地にZと大書したヘルメットを被って集会に参加したこともあったが、この時点ではまだセクトの闘士として確固とした自覚のもとに行動していたわけではなかった。ただ前年の一二月ごろ革マルの上層部から、狙われているから寮を離れた方がいいという助言を受けていたので、別にアパートを見つけることを決めていたのである。引越しにはもう一人、福田という同級生が助っ人に来てくれた。福田はまったくのノンポリ学生だった。

彼らが新しいアパートに荷物をあらかた運び終わったとき、鉄パイプをもった五、六人の中核派がどこからともなく出現して襲いかかった。石田と福田はただちに逃走したが、四宮と富山は逃げ切れず、頭や顔をめった打ちにされた。二人は病院に運ばれる途中で、脳部挫傷で死亡した。

わたしは四宮と直接に面識はなかったが、この事件は駒場の学生時代を通してもっとも忌まわしく陰惨な事件というべきものだった。死の翌年、彼が生前に記していたノオトが『何という「無意味な死」』という題名のもとに、辺境社から刊行された。井上光晴が帯文を書き、瀬戸内晴美（寂聴）が序文を寄せたこの書物を、わたしは悲痛な思いのもとに読み終えた。巻末に添えられた年譜を読むと、著者がわたしと同学年であるばかりか、浪人時代には同じ駿河台予備校の同じ教室に通っていたことまでがわかった。わたしたちはおそらく多くの授業で、同じ教室で机を並べていたはずである。日記を読むと彼もまたわたしと同じように、刊行されたばかりの安部公房の『箱男』を読み、埴谷雄高のスターリン批判を読み、吉本隆明の難解な『共同幻想論』と格闘していた。城塚登の社会思想史の講義に欠席しては、わたしと同じ喫茶店で友人たちとお喋りをし、時代の閉塞に対して憤りを感じていた。事件からしばらくしてわたしは、たまたま彼と同級だった女子大生にその印象を聞いてみたことがあった。彼はすごく純粋な文学青年って感じだったと、彼女は答えた。

四宮とわたしが違っていたのは、彼が恐ろしく真面目に社会問題を理論化して捉えようとしていたことである。わたしが政治のいっさいを拒否しようとし、詩との訣別にいまだに感傷を引き摺っていたとき、彼は「企業内教育と労働組合」という論文を東大社会科学研究会の会誌に発表し、学費問題と相模原米軍戦車搬出問題に向けて、クラス内部で闘争委員会を結成していた。

とはいえ彼もまた前年九月の金築の死には深い衝撃を受けたらしく、それはとうてい「党派闘争」といった次元で捉えることはできないと、日記に書き付けている。

「不幸な〈死〉。ある意味では愚劣な〈死〉かもしれない（そこまで今の僕にはわからない、というのは「歴史」の問題だから）。しかし、一人の人間が死んだということは絶対的にある本質的なことであり、しかもその人間が（知人であるか否かという様な直接的な意味——それは重要なことだが——を越えて）ある現代に生きる「思想」を持ち、その「思想」の中で死んだということは決定的に重い意味を持つことなのだ。」

四宮が刻々と迫りつつあった自分の死についても同様の意見を抱いていたかどうかは、わたしにはわからない。彼の日記には、革マルが金築追悼の集会を開催したときに感じた深い違和感が綴られている。セクトとしての革マルの近辺にいる自分についての自己認識と、他者、とりわけ敵対組織の側が標的としてその人物を捉えている認識の間に大きなズレがあったことは推察できる。だが彼がどの程度まで緊急の危機意識を抱いていたかは、部外者であるわたしにはわからない。

わたしが自分の二六冊のノオトを読み直すことから本書の執筆を構想したとき、まず最初に考えたのは、四宮が遺した手記を本棚の奥から探し出し、読み直すことだった。もっとも事件から三五年が経過した現在、彼のことを記憶している人はどの位いるのだろうか。

わたしは引越しの当日に運よく逃げおおせた石田英敬のことを考えてみた。二〇歳の時点で親友の同級生二人を目の前で殺害され、かろうじて生き延びた石田の心の傷と恐怖を想像すると、眩暈のような感覚に襲われる気がした。彼は事件の後しばらくしてパリに留学し、現在は母校東大でフランスの現代思想の研究をしながら、メディアの政治学を講じている。『世界』では、わたしや金子勝と並んで常連寄稿者である。もう大分前のことになるが、彼はかつて京都の大学で教鞭を執っていたとき、わたしを鶴見良行に紹介してくれるという好意を示してくれたことがあった。そこでわたしは石田に久しぶりに会いに行った。

石田はわたしの知らなかったいくつかの事実を教えてくれた。駒場寮では同室にもう一人、梅田順彦という学生がいたが、彼もまた一九七五年一〇月に大学の学生会館の前で社青同の手で頭蓋骨を割られ、惨殺されたこと。四宮と富山を殺害した中核派の特殊部隊の一人は、後に良心の呵責に耐えられず自首し、現在でも服役中であること。最後に石田が、ただ一つ自分の心の支えだったのは、自分たちが中核派を襲撃する側の行動に参加していなかったことだと語ったことが、わたしには強く印象に残った。

四宮殺害事件に戻ると、当然のことながらその直後から革マルは徹底した反撃に向かった。一九七四年の秋、彼らは駒場のノンセクト集団である全闘連を襲撃し、学外へ追放処分にしている。一九七五年六月には埴谷雄高や対馬忠行、井上光晴といった、新左翼に共感をもつ知識人たち一三名が内ゲバの中止を求める声明を出した。中核はこの声明を完全に無視し、革マルは最初は評価したが、中核の攻撃を前にやはり反撃を余儀なくされることになり、声明は効をなさなかった。わたしは対馬の姿を学内で革マル派が主催した講演会で見かけたことがあった。ほどなくして彼は瀬戸内海に身を投げて自殺した。

わたしの学年でいうならば、文科三類の別の組にいた五十嵐浩司という学生が、一九七五年一〇月二二日に練馬区の下宿で革マル三人組に鉄パイプで襲撃され、一ヶ月の重傷を負っている。彼もまたセクトに属さない元ベ平連系の運動家であったが、革マルはそうした学生をも一人ひとり「殲滅」していったのである。わたしは五十嵐の近くにいた女子学生が、授業が終わった後にひどく寄る辺ない表情で立ちすくんでいるのを見かけた。彼女に声をかけることは憚られた。

今から数年前のことだが、わたしはある大学で講演をした後で、かつて駒場の文科三類で同じ学年にいたという四人の女性たちに話しかけられたことがあった。彼女たちはいずれもその大学の専任講師や非常勤講師で、夫の転任に従ってヨーロッパで数年を過ごした体験によって共通していた。彼女たちは学生時代のわたしを記憶しており、懐かしさも手伝って控え室にわたしを訪れてきたのだった。四人のうち二人が、四宮と同じクラスだった。そこでわたしは、彼のことを憶えているかと尋ねてみた。二人とも何の記憶もなく、それどころか同じクラスの学生が殺害されたという事件のことすら、まったく憶えがないといった。文学部ではなく新設の教養学科に進学するため、いかに多くのAを獲得するかということで頭がいっぱいだった女子大生たちにとって、駒場寮のなかで労働問題を汗臭く論じていた田舎学生の内ゲバ事件など、眼中になかったのだろう。わたしの目の前に立っていたのは、一様に小太りの退屈な中年女たちだった。彼女たちは本当に区別がつかないほど似通っていた。わたしたち、サークルが同じで仲よしだったんですと、一人がいった（それがバスケットボールだったか、バレーボールだったかを、わたしは失念してしまった）。ミラン・クンデラであったなら彼女たちのことをきっと「キッチュ」と呼んだだろうと、わたしは思いながら別れの挨拶をした。

内ゲバについてわたしが知っていることとは、以上のことである。わたしはその全体の規模についても、この悲惨な事態が生じるに到るまでの複雑な経緯についても、体系的な知識をもっていない。ただ外部からそれを垣間見ていただけにすぎない。

では翻って内ゲバの当事者たちがこれまでその実態を赤裸々に語ってきたかというと、けっして事態はそう単純ではない。いくら時効になろうとも、殺人や傷害は警察が関与すべき犯罪であって、組織は当事者たちに厳重な緘口令を強いているからだ。加えて名乗りをあげた人物がたとえもはや警察に連行されなくとも、現在なおも対立する組織から付け狙われることは充分に考えられることである。

わたしはこの原稿を書くため、改めて何人かの人物たちに会った。彼らは現在、医者であったり、サラリーマンであったり、また大学教授であったが、いずれも三五年前にいくつかのセクトの中心に、あるいは周辺にいて運動をしていた体験の持ち主であった。彼らの内ゲバをめぐる思い出はさまざまであったが、一つだけ共通していたのは、この件に関してはたとえ当事者であっても、事態を全体として把握している者はいないという認識だった。

それぞれのセクトには特別の秘密組織が設けられていた。その構成員のもとに、あるとき上層部から突然指令が下ってくる。某月某日の早朝、東京＊＊区＊＊町にある某アパートの＊＊号室に車で乗りつけ、扉を抉じ開けると、なかで眠っている人物を布団の上から鉄パイプで滅多打ちにし、頃合いを見てただちに別の待機している車で引き返せ。命令を受け取った者は、いっさいの質問を許されず、ただその通りに実行する。彼には、自分が鉄パイプで殴った人物が誰であるのか、またなぜに殴られなければならないのかはわからない。またその人物が即死したのか、病院に運ばれて重傷だが一命を取り留めたのかもわからない。すべては命令であって、それ以上のものでもそれ以下のものでもないからだ。確実にわかっているのは、ひとたびこの暴力に加害者として関与してしまった以上、今度はいつかきっと自分も被害者として同じ目に会うかもしれないということだけである。

当事者が組織全体について知らされず、使い捨ての一齣として上層部の命令に絶対服従しなければいけないというのは、中国大陸で残虐行為を働いた旧日本陸軍兵士から、昨今のオウム真理教の信者まで、つねに日本の組織論に付き纏う宿命なのだろうか。内ゲバについて教えてほしいというわたしの問いかけに対して、かつての運動家たちは、内側からそれを語ることの困難さを繰り返すばかりであった。組織の下部にあって運動している者は、誰も上層部の真の意向を窺い知ることができない。彼らは組織に対する忠誠心を示すために、降り来たった命令を忠実に実行することだけを要求される。誰がその命令を思いつき、誰がそれに責任をもつかは告げられない。ただ命令を拒めば、それに対する報復がいずれ訪れるだけだろう。

わたしが内ゲバについて最後に身近に感じたのは、一九八〇年代の初頭、極寒のソウルから東京に戻ってきてまもない時期のことである。何かの会合の後、駒場キャンパスの裏側のマンションに住む女性を送って、夜遅くキャンパスを通り抜けようとしたところ、学生会館の裏手でドンドンと太鼓が叩かれ、何人もの人間が高い声を出して叫んでいるのが聞こえた。わたしはきっと応援団が季節はずれの訓練でもしているのだろうと思い、気にかけることなく裏門を抜け、女友だちを送っていくと、タクシーを見つけてそのまま自宅に帰った。

二日後に彼女から電話がかかってきて、あのときの叫び声は応援団の練習などではなく、あるセクトが対立するセクトの構成員を何人か捕えて、壮絶なリンチを加えていた悲鳴だったのだと教えられた。連打されていた太鼓はカムフラージュのためのものにすぎなかったのだ。わたしは事態のグロテスクに身の毛がよだつような気持ちに襲われた。こうした状況において日本の前近代の祭礼のリズムが援用されていることに、名状しがたい不快感を感じたのである。それがわたしが内ゲバと最短距離にまで接近した、最初で最後の体験であった。

今日の駒場キャンパスは、当時の陰惨な暴力を思い出させるものは何一つ遺されていない。セクト間の縄張り争いの場所であった駒場寮は、学生たちの抵抗運動にもかかわらず強制撤去され、跡地には万全に管理の行き届いた新校舎と食堂が建てられている。大島渚が『日本の夜と霧』を撮影するさいに空間構成の参考とし、その後は結成されたばかりの「夢の遊眠社」の公演場所となった寮食堂も、もはや痕跡すら残っていない。わたしはときたまシンポジウムや講演の用事で今日の駒場を訪れることがあるが、そこに感傷やノスタルジアを感じることは絶えてない。ではわたしと同時期に同じキャンパスにいて、対立するセクトを警戒しながら過ごしてきた者たちはどうなのだろうか。彼らがもし現在の駒場を歩くことがあったとしたら、わたしと同じ気持ちを抱くことになるのだろうか。

憎悪の記憶と恐怖の痕跡。生き延びてしまったことに由来する罪障感。さまざまに複雑な感情と思念とが、彼らの胸中を横切ることだろう。その最たるものとは、自分がかつて目の当たりにした凄惨な体験などあたかも生起しなかったかのように、その同じ場所ですべてが平穏無事に進行し、何気ない日常が営まれているという事実をめぐる、不可解なる感情であるはずだ。もう誰にも告げることができなくなってしまった記憶と、そこから生じる孤立感。内ゲバを体験してきた者たちの多くが現在にいたるまで自分の体験をめぐって沈黙を守っていることの背後には、かつて精神科医のフランクルが強制収容所から帰還した後にかろうじて書きえた言葉こそがふさわしいのかもしれない。すなわち、もっとも良き人たちはけっして戻ってこなかったという。*004

第三章

ノオト1972-1974

一九歳から二一歳の時期に執筆された一三冊のノオトから、五一の断章を選んでみた。この時期のわたしは、大学に入学したものの、以前から引き継いでいた強い喪失感に苦しんでいて、いったい自分が何をしていいのか、途方に暮れているところがある。高校時代に熱心に書いていた詩が、あるとき燃料の切れた機械のように一行も書けなくなってしまったことと、高校時代に仲間であり同志であると信じていた同級生たちが、バリケード封鎖解除を契機にわたしから離れてしまったことが、挫折感の大きな原因であった。わたしは自分がもはや世界の中心から排除されてしまったという自覚から、強い不安と寄る辺なさを感じていた。と同時に、このままでいると世間でいう成熟と馴致のコースに乗り上げてしまう、ここで何とか覚醒しておかないと足を掬われてしまうぞという焦燥をも感じていた。この時期に執筆された文章にきわめて生硬な形で内心の不安と孤独を告白したものが目立つのは、そのためである。

高校時代から熱中していたロートレアモン伯爵の『マルドロールの歌』に加え、モーリス・ブランショの一連の批評と小説、またブランショから導かれたフランツ・カフカの影響が、ここに掲げた断章からは明確に読み取れる。断片21、27、50はいずれもブランショの読書がなかったとしたら書かれなかったものだろう。カフカの名前はいたるところに見出すことができる。とりわけその『日記』をわたしは読み耽った。この時期、わたしはニーチェとブレイクにも手を伸ばしているが、その痕跡はまだ表面的なものに留まっている。周囲に対する違和感。あてどもない待機。あらゆる政治的なるものへの強い拒絶。三〇年以上も後になって現在読み返してみて気付くのは、ここに現実の外界への関心がほとんどといっていいほどに見られないことである。わたしにはあたかも世界のいっさいのものと関係を断ち切って、自分の思考の内側に沈潜していこうという強い欲求があった。ブランショの『文学空間』のリルケ論にある一節、「胡桃の内側のように孤独に書く」という言葉が、わたしの指標であったような気がしている。

若干の註釈をしておきたい。4に登場する「成熟の年齢」という表現は、ミシェル・レリスの自伝から採られたものである。わたしは彼の拘泥のスタイルが好きで、しばらく真似をして夢日記を執筆していたことがあった。6はひょっとして誰かの文章からの引用であるかもしれない。ロートレアモン伯爵の文体模倣が窺われる。14は本書のプロローグにも引いたが、謎めいたアフォリズムである。それが何を意味していたのかを、わたしは正確に追認できずにいる。連合赤軍のあさま山荘事件と、「狼」や「大地の牙」といった爆弾闘争に対してわたしが抱いていた感想であったと思うが。19はマラルメの「牧神の午後」のパラフレーズである。わたしは「マザー・グース」と「シャンソン・バ」のこの詩人を、不必要なまでに高踏的に解釈する日本のアカデミズムが、始めから嫌いだった。38は一九七三年に東京で開催されたダイアン・アーバス写真展の感想。この展覧会はわたしに大きな衝撃を与え、後に「肉体の貴族としての畸形」という文章を綴るさいの原体験となった。43のボードレールの引用は「イカルスの悲嘆」より。47はギュスタヴ・モローの絵画の印象に基づく。

1

まだしばらくは、僕は、こういう一切のことを、書いたり証言したり出来るだろう。だが、僕の手が僕を離れてしまうような日がやってくるだろう。その時は、僕が書くように命じても、手は僕が承認せぬ言葉を書きつけるようになる。今とは別の解釈がされるような時が来て、言葉と言葉とのつながりがなくなり、あらゆる意味は雲のように解体し、雨のように流れ落ちるだろう。僕は、恐怖を覚えてはいるが、何か重大な事柄を前にしている人間のようだ。昔、ものを書き始めようとした時、同じようなかすかなきらめきをおのれの中に感じたのを覚えている。だが今度は、僕が書かれるだろう。僕は変容しようとする印象なのだ、もうほんの少しなのだ、ほんの少しで、僕は何もかも理解し、どんなことだって同意できるのだ。ほんの一歩で、この深い悲惨も祝福されるのだが、その一歩を、僕は踏み出すことが出来ない。僕は倒れて、起き上がれないのだ。打ちくだかれているからなのだ。

ライナー・マリア・リルケ『マルテの手記』

2

何を語りだそうとしているのか。夥しい言葉の自瀆ののちに私が到達しようとしているのは、いかなる場所なのか。詩を書くことによって私が運ばれていくことを願った、あの輝かしい〈幸福な地獄〉はどこにあるのか。

物心つかぬころ、私はひとつの認識された宇宙を識り、それを与えられた。今は記憶の井戸の深い深いところに落ち込んでしまった、一冊の魚類図鑑。書物のなかで整理分類され、再構成された、いつでもない季節の、どこでもない海に泳ぐ魚たち。あるいは作為された混沌の海に群れ集う魚たち。彼らの存在している海と季節を信じて疑わず、行為のあとに必ず到来する幻滅を考えず、私は須磨の水族館をいくたびも訪れたものだった。

その書物、幼い私に数限りない魅惑をもたらしたその書物に収められた潮溜《タイドプール》まりの絵を見つめるとき、私はかつてその絵に熱っぽい視線を投じた心と同じ位置から、現在の私の心が絵に向かっていて、十数年という歳月を隔てて奇妙な相似形を構成していることに気がつくのだ。絵のなかで幾多の生き物が捕獲され、人工的な空間を構成しているように、私もまた〈世界〉のさまざまな事象を、あてどない夢想のなかで再構成してきたことを。

「俺は十二の時、閉じこめられた屋根裏の部屋で世間を知った。人間喜劇を図解した。酒蔵で歴史を覚えた。『北国』の街の、ある夜の祭では、昔の絵にある、あらゆる女性に邂逅した。」

ランボーが言いたかったこと。夢想のなかで世界を認識し、世界に対して語りだすことが、どれほど危険で、自己壊滅を免れがたいものであるかを、彼は私たちの前に証明した。彼は語ることをやめてしまったのだ。

語りだしたものの、究極的にはそれを放棄し拒否することになるならば、詩を書くことの本質とは逆説である。T・S・エリオットが言ったように、二五歳を過ぎても詩を書き続けていく者だけが詩人であるとはかぎらない。むしろ二五歳までに詩を（正確には詩の匿名性を）放棄して、散文の空間へと参入していくか、またはアビシニアの苛酷な太陽の下で武器を商うようになる者こそ、本来の意味合いで詩に近いのかもしれない。私は詩人になろうとは望んでいない。詩であり続けることだけを望んでいるのだ。

3

私は汚い。
私は昨日も今日も汚いものを吐いた。
血とも痰ともつかぬ、ドロドロとした液体。
私が吐いたものは、私の不安だ。
私の肉体が汚物そのものを包み込む容器にほかならないのではないかという、
不安を私は吐いたのだ。

4

困難なのは絶望することではなく、その絶望を維持していくことだ。

何かが私のなかで変化していく。私もまた人並みに「成熟の年齢」に向かおうとしているのか。私は自分が過度の緊張のあまりに切れてしまった、発条のような気がし始めている。

だが、希望はいつも血みどろになってやって来る。

5

生は畢竟、意識の奴隷状態にすぎないのか?

謎とは解答の存在しない(不可能な)問い、問いだけで自立している問いである。問いは新たに別の問いへと続き、その連鎖のなかで人は問いの増殖に恐怖を感じざるをえなくなる。問いは問う人の存在に浸透してくるのだ。

スフィンクスが発した謎に答えを対置させることが不可能であった者は、スフィンクスに食べられてしまう。スフィンクスが謎そのものだからだ。オイディプスの場合には、スフィンクスの謎が実は偽りの謎にすぎなかった。悲劇の主人公であるオイディプス本人が巨大な謎であったため、スフィンクスは敗北し、みずからを消滅にいたらしめるのだ。

6

私は死に瀕していた。あの海の鳥どもが群れをなして、いまや希薄となってしまった私の軀《からだ》を通り抜け、ときおり思い出しでもしたかのように、眼のまわりに残っているやわらかいピンク色の細い筋を啄ばみに戻ってきた。不思議とその箇所だけが熱をもって白く疼いていて、私は自分が鋼鉄の森のなかを駆けめぐる毛深い獣であった時代を、まだ思い出すことができた。

海は少しずつ後退していった。鉛のように暗い水は同じように重みを増し、少しずつ地の底の方へ逃げていくように感じられた。かつて波が踊っていた岩場に立ってみても、そこで私が認めたのは、石灰質でできた夥しい小動物の死骸と、閉ざされて残ったわずかの甘い水を求めて動き回り、しだいに力尽きて萎縮していった夢の軌跡でしかなかった。五月蝿なす鳥どもは奇妙な感情の昂まりに支配されていた。私は彼らに自分の軀《からだ》を啄ばませるにまかせた。

7

東大の学生たちの文章。何と彼らは大人しく、小利口で、「申し分ない」のだろう。私はまるで異邦人のようだ。彼らはどうしてあれほどに健康でいられるのか。理解に苦しむ。もっとも一年前の私は、現在の私を堕落したと批判するだろう。人が成熟を口にするとき、私はそれを堕落と言い直す。いずれにせよ、私にはそれが恐ろしい。

私の過ちとは、少しばかり人間を信用しすぎたことだ。

私の内側にある後ろめたさ。私はもうケーキ工場に戻れない。働いていた仲間たちからすっかり遠いところまで来てしまった。だが心の一方で、あの愚かな群集に平然と身を投じてしまうことの耐え難さ。

8

世界は泥でできているのか。それとも砂でできているのか。

掬いあげたとき、私の両の掌から滑り落ちてしまうものは何か。

私の内側にある、世界全体に対する悪意。まだ形をなしてもおらず、名状もできない憎悪。

世界はいつも私を眠りこませようとする。眠る者の幸福と、不眠の者の不幸。

泥と砂は、どちらが簡単に憎むことができるのか。

9

ボルヘスの教え。

敵対しあう者とは、実は同一の者であること。鏡に向かいあった分身にすぎないこと。

キリストとはユダである。英雄とは、彼を裏切った卑劣漢と同一である。ひとりの男はあらゆる男であり（とりわけ性交の頂点において）、一冊の書物は世界中のすべての書物をその内側に含んでいる。

10

私は子供のころから、「みんなといっしょに」というのが大嫌いだった。政治が強いてくる共同性に対し、個の原理を主張することだ。闘うことが快楽でないならば、そんな闘いはやめてしまえばいいのだ。レーニンが夢想したように、階級と国家が真に消滅した瞬間には、労働は快楽になるのか。夢が行為に、行為が夢になりうる世界が実現されるのか。私たちに欠落しているのは優れた音楽だけではない。何よりも肉体の力学、何よりも憎しみが欠けている。ドストエフスキーとセリーヌ。

政治的連帯など、誓っても信じてはならない。連帯とは感情の弛緩のことだ。決して革命家になろうなどと自惚れてはならない。人間は革命家になろうと意識して革命家になれるものではない。先天的な革命家も後天的な革命家も、かつて存在したためしがなかった。人間は個人の意志責任とはまったく離れた状況で、革命的な行為を余儀なくされ、知らずと革命家にさせられてしまうのだ。革命家たらんとしてマルクスとトロツキーを読むことの過ち。そんな風にものを読んで何になるというのだ。状況と政治は個人に共同性を強いてくる。過去のすべての失敗した革命家たちを、この共同性の名のもとに思い出すことだ。

11

今日、またいつもの不安脅迫が訪れてきた。自分の精神が狂っているのではないかという不安。私自身が世界の中心に位置していないという孤立感。行動に落着きが失われる。すべての行為が無意味に思えてくる。私が存在していなくとも、世界は確実にこれまで通りに進行してゆくだろう。私はあらゆる者たちを許すことができそうな気がする、もし彼らが黙って口を閉ざし、私に対して無視を決め込んでくれるならば……。私は誰にも理解されず、理解されようとも思わない。一人の人間は他の人間を、絶対に理解などできない。とはいえ私は世界の誰とも同じように、死んでゆくことだろう。

12

死のたやすさ。生の美しさは死の美しさによってだけ初めて判断することができると語ったロートレアモン伯爵は、どこまでも正しい。

私にとって自殺とは、高い建築物の屋上から落下するイメージである。死ねることの確信と奇妙な安心感。空はみごとに晴れきっている。ただのひとつも過失を犯していないという自信。しかし一度手を離し、空に飛び立つ姿勢をとって落下を始めたとき、私は取り返しのつかない失敗に気づくことだろう。世界は逆立する。もう落下を元に戻すことはできない。落ちてゆく私の姿が見える。舗道の上ですぐにでも死んでしまう私の、重力に逆らって瞬間的に吊り下げられた姿が見える。時間はどこまでも引き延ばされるだろう。ほんの一、二秒が無限大にまで。『白痴』のムイシュキン公爵が語る死刑台のイメージが脳裏を過ぎる。あびるほどに呑んでみたい欲望。

13

すぐに馴れてしまうだろう。

眠ることも、罪を犯すことも、明日になってしまえばケジメがつかなくなってしまうだろう。私たちは少しずつ凡庸に死に近づいてゆく。美しく降り続ける雨のなかで。

14

燃えている者は
けっして眼を見開かない。
燃えている者は
けっして眼を閉じようとしない。

15

告白について。

私はいつでも完璧な告白をなしうるだろう。だがそのとき、私に意味があるのは、人に話しかけることではなく、まったき沈黙を選ぶこと、告白を拒絶することなのだ。わたしが失語してしまう瞬間。それはどこにあるか。人は沈黙したとき、すでに失語への一歩を踏み出しているのか。

石原吉郎はラーゲリで死んだある友人について書いている。「私が知るかぎりのすべての過程を通じ、彼はついに〈告発〉の言葉を語らなかった。」

沈黙を凌駕するまでの饒舌をこそ、私は組織しなければならない。沈黙に対し沈黙をもって対峙することは、今の私には耐えられないことだ。それは石原のように、告発を拒絶させるほどに激しい体験が、ひとえに私に欠けているからかもしれない。

16

蝋燭の炎の前で電灯の明かりは、なんと卑俗な様相を呈することだろう。ずっと炎を見つめている。

神が存在しないとしても、おそらく悪魔は存在するだろうと、ふっと考えてみる。

17

人間はカフカが書いたように、一個の血の詰まった袋にすぎないのか。人間の肉体が醜悪であればあるほど、私にはそれが望ましいものに思える。

18

私にはもう生きることへの持続する感覚がない。過去にひどく狭い屋根裏部屋でピョンピョンと飛び跳ねた後の疲労があるばかりだ。生きていくことはけっして苦しいものではないだろうが、その単調さと無意味さに、私は何十年も耐えていくことができそうもない。かつて私を支え、私を導いてくれた破滅への情熱は、どこに消えてしまったのだろうか。

19

私が愛したのは夢だったのか。
これまで夜ごとに夢を見ていたおかげで、
ついに夢すら疑うようになったけれど、
細かな枝葉がたくさん積もっただけ。
元の森に変わりはないわ。
薔薇が最高だなんて、勝手に得意げに思っていた
そのツケが廻ってきただけのこと。

マラルメ

20

子供のころ、私は不具者の真似をすることに奇妙な快感を覚えたものだった。街角を跛の老人が歩いているときなど、かならずといっていいほど、彼の歩き方を真似て後ろから付いていくのだった。老人が私に気づいてくれることを期待しながら、ひどく陽気に。私はけっして彼を嘲笑したり怒らせるために跛のふりをしたのではなかった。私は彼に深く同情していたのだ。私は不自然な足をもちながらもかくも幸福でありうる自分を、彼の前に披露してやりたかったのだ。だがそれは理解されなかった。私の崇高な慈悲に満ちた行為は、他の多くの少年たちの嘲笑的な行為と、いささかも変わることがなかったからだ。後になってボードレールの「貧乏人を撲滅しよう」という散文詩[*05]を知ったとき、私が最初に思い出したのは自分のこの奇怪な習慣のことだった。

21

待っている人間はけっして辱められることがない。待つという行為はそれだけで充分に自足しており、意味のある行為だからだ。たとえ待っている対象がその人を訪れることがなくとも、またその対象が何者であるかわからなくとも、それだけで待つことは崇高さを失うことがない。待っている人の顔にしばしば至福の表情が浮かぶのは、そのためだろう。

逆説的にいうと、待つという行為には、どこかで待たれたものの到来を拒否するところがある。それによって行為が完結し消滅してしまうからだ。待つという行為を通して、人は純化され、行為の完結を無意識的に怖れるようになる。それゆえにこの行為はみずから光輝くのである。

22

「穢すということは、手で触れて変えようとすることだ。美とは変えようとのぞまないものである。支配力をもつことは穢すことである。所有することは穢すことである。」

シモーヌ・ヴェイユ『ノート』Ⅲ

23

ポール・ニザンは二十歳で自分を取り巻いている「いろんなお稽古ごとでいっぱいの融通のきかない」世界にうんざりして、アデンに向かった。しかし彼が自由を求めたとき、航海の途上で見つかったのは物の不在にすぎなかった。誰もが倦怠に悩まされる。そして旅行者であったニザンは、事物の表面を掠って過ぎることしか許されない。生きるとは旅行をすることではなく、慎重にひとつの場所に辛抱強く定住するということなのだ。真実を得るには、じっと待ち伏せしていなければならないのだ。

24

私が今後、政治的な態度をとらざるをえない状況があるとすれば、その態度は通常の政治がもつ相対的な有効性のいっさいを捨てた、超政治的なものとなるだろう（そしてそれは、衆人に理解されないことだろう）。私の態度はあるいは過激に見えるかもしれない。だがそれは象徴的な態度であって、その現実的な実効性を測定することはできないのだ。

25

自分の手について考える。

この手は斧や鋤を握ることがないだろう。トロール網を曳くこともないだろう。この骨ばった細い手は、牛を曳くこともなければ、畑を耕すこともないだろう。書物の頁を捲ることと、何人かの女の乳房を撫でることだけが、この手が死ぬまでになすべき負債であるように思える。書くこと……手は私に、書くために与えられたんだろうか。この淋しい鳥のような手は。

26

子供は喧嘩をするとき、一発でも相手を多く殴ることが、自分の満足感を決定的にするものだと信じている。場所はどこだってよい。顔だろうが、腹だろうが、背中だろうが、短い時間に集中的に拳を振るった方が勝ちなのだ。やがて誰かが自分たちの戦いを引裂くかもしれないのだから。

27

期待……。期待のあげくに到達したところに何もないことが、すでに充分わかっているにもかかわらず、それがためにいっそう期待に身を委ねること。期待の壁の向こう側へ、何とか狭い穴を潜ろうと、身を捻りもがいている姿は、それが完璧なる徒労であるがゆえにこそ美しいものなのだ。「アフロ・ブルー」の中途で、横から強烈に、獰猛な速度のもとに中心に迫ろうとするジョン・コルトレーン。

28

私は、私や友人たちの幾人かに見られる、人生に対するある種の性急さが好きだった。時間のゆるやかな弾力性の波のなかを一匹の魚のように潜り抜けて、早くそして確実に歳を取ってしまいたいという願望。それがあまりに極端なため、しばしば人は挫折してしまったり破滅してしまったり、奇妙な錯覚に陥ってしまったりするわけだが、私はその性急さが好きだということだ。破滅への意志と成熟への願望という、矛盾した複合体に身も心も奪われて、私はこの部屋に飛び込み、このノオトの前まで息せき切って駆け込んできた。私は一個の逆説になりたかったのだ。

29

徹夜。いつもと同じ朝の光。クラッチを繋ぐようにして、毎日の生活はのろのろと進んでいる。ひとたび外側から眺めてみたならば、私は恒星のように恐ろしい速度で宇宙を通り抜けていっているのかもしれない。光は反射する相手がないと、光ることはできない。宇宙空間が暗黒であるのは、真空であるからではないか。もしその空間にひとつでも微小の塵を置こうものなら、塵は恒星たちの放射する強烈な光線のために、たちどころにして溶融してしまうかもしれない。

30

『イワン・デニソビッチの一日』のなかの注目すべき一行。

「囚人にとって最悪の敵はだれだろう。他の囚人である。」

この短編が驚くべきなのは、人間がいかなる状況にも適応できると記していることだ。

イワン・デニソビッチ・シューホフは一日の終わりに、幸福感すら感じるのである。

31

裁判官が到着する以前に、私はいつも自分自身を処刑してしまっていた。わたしと長沢延子との類似点。

32

「世界は私の傷だ。」

ディラン・トマスのこの一行に、私がこの数年間生きてきた（生きることを強いられてきた）あらゆる意味が縮合されているような気がする。

とはいえ、書物のなかに作者の苦悩を不用意に読み取ろうとする者は、読むという凡庸な行為を口実に、苦悩の息の根を止めてしまう。たとえ苦悩がいかに明確に、説得力をもって描かれているにしても。苦悩はいかなる形でも、そのままの形で読み取ることはできないし、それができると信じたとき、人は読むという行為と苦悩の両方を軽んじてしまうことになる。Aがこのように書いたとき、それはAの苦悩の大きさを的確に示している、という文章のつまらなさ、愚かさ。あるいは偽善。こうした思い込みが問題なのは、書く側までもが、苦悩を描くことでみずからの苦悩を無限に撓め、納得させてしまうからだ。苦悩はけっして言葉にはならないという真理が、そこではみごとに忘れ去られてしまうのだ。

33

詩は悲惨ゆえに、悲惨を契機として、悲惨を克服するために執筆されるのではない。もちろん悲惨を表現するために執筆されるのでもない。詩を書くという行為そのものが悲惨なのであって、世界のあらゆる飢えや苦痛や屈辱に対応している。詩を書くことが悲惨であるとすれば、詩を書こうとしてそれが書けないでいることはどうなのか。

私は、私が書いたものそのものになりたいのだ。

34

カフカの日記を読んでいて感動するのは、彼が外界のあらゆる事件や環境にまったく無関心であることだ。さらに驚くべきことに、彼はその無関心を無関心のまま書き綴っていく。まるでそういった事件や環境について書くことをやめてしまえば、自分には無数に続く日記帳の残りの部分を永久に埋めることなど、できそうにないといった風に。

35

私は私の未来を憎んでいる。もし未来があればの話だが。

36

投げられた石の数だけの悲しみ。

一日中、部屋のなかに閉じこもっていただけだというのに、私は大冒険から帰ってきたかのようにひどく疲れている。

37

午前四時。窓を少し開けてみる。雨の音が微かに聴こえてくる。闇の彼方に眼をやってみる。映画の始まりのような、単調な雑音。大気は濃い藍色をしている。玄関の門柱と街灯の光が交感しあっている。ルイス・キャロル、ヘーゲル、モーリス・ブランショ。今夜読んだ書物の断片が、歯に挟まった食物の断片のように頭の片隅に残っている。未消化のまま。

窓を静かに閉める。黄色のカーテンをいつも通りに曳くと、私はふたたび明るさと暖かさの世界に戻ってくる。時計の音。私は世界のすべてのものと、関係を絶ってしまった。一年で一番美しい季節のさなかにいるというのに。いかなる音楽も書物も到達できない場所。私は今自分が立っている場所が、よく理解できない。

38

ダイアン・アーバスの写真展に行く。一四〇点あまりの、畸形、性倒錯者、精神病者といった〈異常〉な人々の肖像。彼らはいちように、「こうなんだよ、こうなってしまったんだよ」と、私に向かって語りかけてくるようだ。個々の写真に被せられたガラスに、私をはじめ見物人の顔が映る。私はひさしぶりに、自分が存在していることの恐怖を感じた。三島由紀夫はけっしてアーバスの肉体のありようを認めないだろう。けれども私はここに、いかなるものにも還元できない力の現われを感じる。手榴弾を両手にもった公園の少年。

「私がモデルにした人々は、みんな私を好きになってくれました」と、アーバスは生前に語っていた。

39

八月……。私は傲慢にも沢山の〈友人たち〉を軽蔑し、見捨ててきた。けれどもそれは、許されてはいけないことだったのか。書くべき理由も、書くべき対象もないまま、私はただそれだけを根拠として書き続けている。私は書き続けているのだ。

私の内側にある、人生に対するある不誠実さ。私は書物から世界を学んだ。世界と書物のどちらが鏡であるかなど、私にはどうでもよい。カフカは日記のなかで、自分がまったく関心をもたない細々とした事柄についても詳しく書き続けた。彼は書き、しばらくしてまた書き、白紙を埋めてくれる黒い文字なら何でもいいといった調子で、ペンで紙を引掻き続けたのだ。死にいたるまで。

書くという行為は、生きる意志とは背きあっている暗い情熱ではないかと、私は考え始めている。私を魅惑する、さまざまな航海譚。語り手はただ一人の例外として、危険に満ちた冒険から帰還してくる。旧約のヨナ、シンドバッド、イシュメール……[*06]。他の多くの同胞を見捨て裏切り、ただ一人生き延びて故郷の地に戻る。この罪過への償いとして、彼らは書くことに身を委ねたのだ。

40

けれども真に難破した人々のため、私は何を書いてやることができるのか。一体私は、イシュメールのように生き延びて、航海譚を語る側にいるのか。それとも将来の臆病さのせいで、冒険に出発することすら躊躇し、イシュメールの話に耳を傾ける側にいるのか。

「あらかじめ冷静さを集め貯えていたとしても、未来の溺死者は、うずまく深淵のなかでは、ふつうの半分の呼吸だけでもおまけとして生き延びられたら、とっくり考えてみれば、それを幸福と感じなければならない。」（ロートレアモン伯爵）

41

時間とは一本の直線だと、長い間信じていた。世界が変わってゆくにつれて、小船のなかの乗客である私を先頭に見立てて流れてゆく、早さも流れの太さも不変の一筋の河だと思っていた。

だが、そうではなかった。私は時間というものにある広がりがあることに、気がついていなかっただけなのだ。現在とはある明るいひとつの場所だが、その周囲には、すでに光と形をもつことをやめてしまった泥や植物、さらにまだ形ももたず暗闇に潜んでいる無数の胎児たちが存在しているのだ。時間とはそれらすべてを含んだ、始めもなければ終わりもない、莫大な広がりのことなのだ。

であるなら、もしたとえ私が、これまでのように過去から未来へと進んでいたと仮定して、このわずかに明るい地点で何気なく立ち止まり、これまでとは逆の方向に、すなわち過去の側へと歩き出したとしたらどうだろう。私の身体と意識は、過去に遡行するに応じて、しだいに現在の状態から退化してゆく自分を認識することができるだろうか。

自分が逆行していることを理解できるだろうか。私は自分を、この時間の広がりの混沌にあって、まるでシチューのなかの肉片のように感じている。

42

人間において絶対的状態を確信することの愚かさ。二つの鏡の対比。穴が開いたり塗料が剥げ落ちたりして、ところどころに映りが悪くなった鏡と、一見曇りない正常な鏡のように見えて、遠くから全体を眺めてみると歪んだ像しか映しだすことのない鏡。私に狂気があるとすれば、それは後者の鏡への加担だろう。

43

世界そのものが巨大な疑問符であった時代というものがあった。時間の過ぎ行きをほとんど意識することなく、のどやかに生きていけた時代があった。

「私は雲を抱きしめたために……」（ボードレール）

44

夢のなかで私はどうやら双生児の片割れとして生まれてきたらしい。成長して行くに連れて、少しずつその秘密に気づき始める。あるとき母親が、生まれたときから離れ離れになっていた、わたしのもう一人の兄弟を、車に乗せて運んでくる。彼は私よりもいくぶん背が低く、痩せて貧弱な体形をしている。想像するに、私と違ってひどく苦しく貧しい生活を強いられ、周囲から虐げられてきたのだろう。偶然に口のなかを覗いてみた。歯茎が乱暴に抉り取られていて、傷跡が痛々しい。

しばらく向かい合っているうちに、私には無口な弟の正体がわかる。彼は白痴だったのだ。これまで長い間、どこかに丁稚奉公にやられていたのだが、行く先々でからかわれ、馬鹿にされて来たようだ。私はひどく彼に同情し、白痴の弟をもつ自分の脳にも、やがて狂気の影が宿るのではないかと思う。またそれが、幼いころから漠然と予想していたものであったことに気づく。

45

実ってゆく果実の怠惰に、私の精神は憧れている。

46

パゾリーニ『テオレマ』を見る。現代イタリアのブルジョワ家庭の場面にときおり突然に挿入される、荒涼とした砂漠の画面。エリオットが『荒地』第二部で描いたような荒廃。一家の長は結末にいたって荒野を裸で彷徨し、長く悲痛な叫び声をたてる。消費的で頽廃的なブルジョワ社会である現在においてすら、人々は洗礼者ヨハネのように蝗を食らい、彷徨を続けなければならない。荒野は『豚小屋』に通じている。『テオレマ』は今日の神学的な喜劇だ。テレンス・スタンプ演じる青年は、恐るべき破壊の神から遣わされたイエス・キリストか。神聖な者に触れた者たち、つまり家族の五人は、めいめいグロテスクに崩壊し、あるいは孤独のなかに引き裂かれる。あるいは聖性をめざして空中に浮遊し、自身の埋葬を求めるに至る。背後に流れるモーツァルトの「レクイエム」は、聖なるものの啓示。

47

柘榴を食べる。抜いたばかりの何本もの歯から、血の糸が垂れている。柘榴の内側はミツバチの巣だ。精錬される鉄から生まれる、重い輝きをもった赤い泡。顎のなかにすでに準備され、出番を待っている幼児の歯の並び。張り詰めた小さな粒粒。柘榴を食べるとは、実態をもたない、わが身の残酷さを体験することだ。

48

盗まない子供は子供ではない。強いられた後悔と反省。それに慣れ親しむことで、子供は大人になってしまう。わたしが犠牲にしたものとは何か？

49

私が失ったものと、私が得たものは、どちらが多いのか？

かつて私は、失うことは所有することだと信じていた。はたして今でもそうか？

所有に成功した次の瞬間から、私は幻滅を感じ、そのものの本質を蔑ろにしてしまう。

所有しているという事実の前では、何かを所有できればという希望、不在のせいでいっそう強く喚起されるであろう希望は、たちどころに色褪せてしまう。

所有とは穢すことだ、人は所有することなどできない、とシモーヌ・ヴェイユが書いたのは正しい。手のなかで動かなくなってしまった小鳥は、かつて自在に飛び回っていたときの美しさを失ってしまう。ところで私は何を所有したというのか。

50

対話とは稀有のもの。

人よ、君がガラスの壁の向こう側で口を開き、両手を動かして何やら懸命に語ろうとしているのが、私にはよく見えるのだけれども、何を言っているのか、私には一つも聞こえないのだ。もっと大声で話してくれないか。もっとはっきりと、ゆっくり、聞き取れるように話してくれないか。けれども私の願いは聞き届けられず、無駄に終わってしまう。君にも私の声が聞こえてないのが、私にはよくわかっているからだ。私に理解できることといえば、せいぜい君が語りかけようとする意思をもっているということだけ。いや、ひょっとして君はまだ話すことができないのかもしれない。筋肉に障害があり、音声を統括することができず、グロテスクな唸り声と叫びを繰り返しているだけかもしれない。あるいは君の声は吹き荒れる風によって千切れ、曲げられ、元の形とはまったく異なった音に変形したあげくに、ようやく私のもとに辿りつくのかもしれない。*07

51

私は私の死に満足するだろうか。はたして私は死に対して明らかな優位を保ちつつ、死と調和のとれた関係を維持できるだろうか。

死は切り裂く。死は存在に裂け目を作り出し、そこに陥った人間は裂け目そのものと化してしまう。私は死ぬ。私は死ぬとき、確実に私に向かって死を与えようとする。だが私が放った死は方向を見誤り、誰か別の者に与えられることになる。私を訪れる死は、私が放った死ではない、冷たい死なのだ。死の取り違え。自殺とは世界を殺すことでも何でもない。自殺とはたかだか明晰さのなかに偶然に潜み、侵入してきたわずかの誤差。誤差とは悪。なぜなら悪とは悪しき遭遇にほかならず、そこに本質も何もないから。

第四章

宗教学科に進む

一九七四年四月、わたしは文学部宗教史宗教学科に進学し、本郷の法文三号館にある研究室に通うことになった。宗教学科は哲学やインド哲学、倫理学とともに文学部では第一類に属しており、通常は二名か三名の進学者しか来るはずのない学科だった。だがその人気のない学科になぜかわたしの学年からは、一五名に及ぶ学生が詰めかけた。驚いたのは学科の方で、「猿の部屋」と呼ばれていたゼミ室の荷物を急遽片付け、この大人数を収容できる空間を準備しなければならなかった。

だがこの本郷での専門課程で過ごした日々について語る前に、わたしがどうして宗教学を専攻することに決めたか、その過程を簡単に説明しておかなければならない。そこには二年生のときに出会った二人の教師からの、決定的な影響が働いていた。

その前年、二年生に進んだわたしは、英語教員である由良君美が「メルヘンの論理」という全学ゼミを開講するということを知らされた。その名前には見覚えがあった。彼は創刊まもない『ユリイカ』でイギリス・ロマン派の文学と絵画からワーグナーの音楽、エルンスト・ブロッホのユートピア思想までを縦横無尽に論じ、『映画批評』でポランスキーやアルトマンの新作の背後にある哲学的文脈について論じていた。そこでゼミの初日に行くと、教室に入りきらないほどの大勢の学生が詰めかけていて、翌週に入ゼミの試験を行わなければならないほどだった。わたしは運よくこの試験に通り、五月からゼミに参加することになった。

由良さんのゼミは、分析心理学者であるC・G・ユングの原型論を用いて、メルヘンから高度な文学テクストまでを共時的に分析してゆくという試みであった。民族人種を問わず、人間を解剖してみると、その骨格は同じ構造をもっている。人間の心もまた同じように、もっとも深層まで掘り進んでいけば、無意識のうちに普遍的で集合的なものが横たわっているはずだ。そこから意識の領域に浮上してくる形象を原型と見なすならば、人間がこれまで生み出してきた文学や芸術にはその原型の変奏がいくらでも発見できるだろう。いやむしろ、数多くの原型を内に含みこんでいる作品こそ重要な作品であり、優れた芸術家とは長らく忘れられたままになっていた原型に新しい解釈を施し、それを再生させるのに功あった者のことである。こうした理論的前提に基づいて、由良さんは分身、探求、大地の母、宿命の女、犠牲の山羊といったいくつかの原型を説明すると、それを核として成立している文学作品を次々と紹介した。また原型論の根底にある哲学的背景を、プラトン、ネオプラトニズムに始まって二〇世紀の批評理論までを例に説明した。

これは驚異的な授業だった。一年生のときにほとんどすべての授業に退屈しか感じず、ほとんど出席の意欲が湧かなかったわたしは、初めて自分が真剣に向き合わなければならない知の饗宴がここに開示されていることを知った。由良さんはユングはもちろんのこと、彼の周囲にあった神話学者や人類学者、記号学者を次々と紹介すると、夏休みにこれを読んでおくようにと、研究室の本棚から英語の原書を取り出してはわたしに貸してくれるのだった。カール・ケレーニイ、ミハイル・バフチン、ケネス・バーク……いずれもが当時ようやく日本でも翻訳紹介が始まろうとしていた、人文科学の最前線の学者たちであり、彼らの書物に触れることでわたしはこれまでにない知的刺激を受けるのだった。高校時代から独学で読んできた文学という文学が、こうした理論書や批評書を媒介とすることで、より体系的に理解できるようになった。せりか書房、みすず書房、国文社、法政大学出版局……わたしはそれまで縁のなかった出版社から刊行されている学術書の翻訳を、次々と書架に並べるようになった。あるものはスラスラと頭に入ったが、別のあるものは難解で、いくたび挑戦しても挫折してしまうのだった。由良さんは、それは翻訳が悪いからだと一喝し、「いつまでも翻訳に頼っていてはだめだ、原書を読め」と叱咤した。もっとも一時にこうした世界の最先端の理論や思想が押し寄せてきたため、わたしがほとんど消化不良に似た状態に陥ったことも事実だった。わたしはある日の午前中、ある論者が象徴論的思考を熱心に説いている文章を読んでいたかと思うと、その日の午後は、自然言語における二重分節のあり方についての論文と格闘していた。そして夜にはニーチェ哲

郵便はがき

料金受取人払郵便

京橋支店承認

3014

差出有効期間
2011年3月20日
まで切手不要

104-8790

757

東京都中央区月島1-14-7
旭倉庫4F

株式会社 **工作舎**
出版営業部 行

お名前(ふりがな)	男 ・ 女	**年齢**
ご職業(勤務先または学校名・学年)		
ご住所 〒( )		
お電話(購入ご希望の場合、必須)		

購入申込書 ご指定の書店で受け取ることができます。
また、代引宅急便(手数料200円)での直送も承ります。 □ 代引宅急便希望

書名 (冊)	取次(この欄は当社にて記入しま[す])
書名 (冊)	
ご指定書店名/住所 書店	
都道府県 市町村区	

歳月の鉛

い求めになった書店名

を何でお知りになりましたか

店で見て　□ 新刊案内を見て　□ ホームページ

評で[　　紙・誌]　□ その他[　　]

案内等のご希望

刊メールニュース　□ Eメールでの関連情報

ail address　　]

送での関連情報　□ 図書目録[年刊土星紀]

要

見・ご感想などをご自由にお書きください。今後の出版活動の参考にいたします。

学における高所と大気のイメージについての現象学者のエッセイを読んでいた。おそらく読者はこれに続く章で、当時にわたしが付けていたノオトの一部を知って、こうした知的混乱の微笑ましいあり様をそこに認めることになるだろう。

由良君美のメルヘンのゼミは一年で終了したが、わたしはその後に大学院に進んでからも彼の指導を受け続けた。彼との共同作業で翻訳書を刊行し、アンソロジーを編纂した。一九八〇年代に至って彼は心身に疲弊を来たし、しだいにアルコールに耽溺するようになった。そこで、奇矯な言動があまりに目立つようになったため、治療のために大学を休み、自宅と病院を往復する日々が続いた。不幸な闘病生活の後、彼は六一歳で亡くなった。わたしはこの悪魔的な師匠から受けた知的恩恵に報いるために、『先生とわたし』(新潮社、二〇〇七)という書物を著してその冥福を祈った。

わたしが宗教学を専攻するにあたってもう一人決定的な意味をもっていたのは、柳川啓一教授だった。わたしが二年生のとき、柳川さんは本郷の宗教学科から週に一度、駒場に宗教史概論を講じに来ていた。最初の講義のとき、彼はまず黒板にinitiationと大きく書き、それが日本では七五三から入学式、元服、結婚式、そして葬式まで、人生の節目節目でなされる通過儀礼であり、試練ともいうべきこの儀礼を修了した者だけが次の段階に進むことを許されるのであると説明した。それからオーストラリアやニューギニアの原住民における青年の試練の例を引き、通過儀礼が人間のアイデンティティー形成において重要な意味をもっていることを指摘した。現代の社会はしだいにこうした儀礼が有名無実の形骸と化してしまっているため、人間がなかなか安心立命に到達できなくなってしまったと、付け加えて。

通過儀礼論が一通りすむと、柳川先生は今度は時間の問題に向かった。われわれが公式的に生きている時間とは直線的で不可逆のものであるが、これはもともと西洋のキリスト教的な時間観に基づいたものにすぎない。世界中の多くの場所ではいまだに時間とは循環するものであると信じられており、近年の政治的事件ですら永遠の反復される英雄物語の変奏として理解されることが稀ではない。その例として柳川さんは、コーカサス地方のある村ではロシア革命の英雄であるレーニンは、村を苦しめていた虎を退治した偉人としてもっぱら記憶されてきたという例を挙げた。ミルチャ・エリアーデの『永遠回帰の神話』に紹介されている挿話だった。わたしはこの、マルクス主義の歴史観をもやすやすと包摂してしまう民俗学的想像力のあり方に新鮮なものを感じた。すると柳川先生は、それはスターリンの独裁時代にすでに林達夫がソ連社会を批判してそう論じていると教えてくれた。わたしは林達夫の『共産主義的人間』を早速読むことになった。

わたしはそのとき、神亡き後いかなる理念のもとに共同体が可能となるかという問題に、心惹かれていた。超越者が不在であって崇高なるもの、神聖なるものが存在可能であるならば、その条件とは何なのか。こうした問題意識に促されるまま、わたしはその年の宗教学の学期末レポートに、フロベールの『聖ジュリアン伝』と奈良の法華寺に伝わる光明皇后の癩者入浴の伝承の比較という主題を取り上げた。バタイユとメアリー・ダグラスを読んだ直後ということも手伝って、汚穢の最たる存在がもっとも神聖なる至高の存在へと転じてしまう弁証法に関心を抱くようになっていたのだ。

ちなみに共同体の再建という問題が設定されるにあたっては、新左翼のセクトどうしの殺し合いが影を落としていたはずである。もっともそれは当時、どこまでも自覚の外側のことであった。新しく結成された共同体が周囲と対立し、血腥い戦いを生き抜いて、非理性的なものを媒介として教団を確立してゆく。この過程は日本の新宗教運動史にあって、揺籃期の宗教が権力にも既成宗教にも敵対しながら、しばしば過激に分派し、互いに深い憎悪の応酬を重ねていったことを思い出させた。

せりか書房から『エリアーデ著作集』が刊行されることになったとき、わたしはその推薦文を由良君美、柳川啓一、そして種村季弘の三人が執筆しているのを知った。わたしは自分が直接に教えを受けている教授がそこに二人並んでいることに、誇らしい気持ちを抱いた。新聞では日本宗教学会の様子が報道され、最後に柳川教授がその当時日本に流行していたオカルトブーム、終末ブームに言及して、「終末論とは希望の原理である」と発言したことが大きく取り上げられていた。もうこうなれば本郷では柳川先生に就くしかないと、わたしは心を決めた。おそらくわたしとともに宗教学概説を受講していた二年生のなかには、この新聞記事を読んで同じ昂揚感を体験していた学生が、少なくなかったはずである。かくして一五名が一挙に柳川先生の下に殺到する結果となった。

ちなみに宗教学の隣接分野である文化人類学は新しい学問として駒場の教養学科の内側に設けられており、当時は相当に高い成績を取らないかぎり進学することが難しかった。だが宗教学は古色蒼然たる本郷にあり、成績の点数とは無関係に、つまり「底なし」で進学することができた。わたしは柳川先生に、宗教学と文化人類学は具体的にはどこが違うのかと、勇気をもって尋ねてみた。彼は細い眼をいっそう細めて、学科の成立事情とかややこしい問題は別にしてと前置きしながら、「要はフィールドワークをするさいにアフリカを選ぶか、オーストラリアを選ぶか程度の違いしかないですね」と、ひどくプラクティカルに答えた。文化人類学に向かうのはいつも成績のことを気にしているといった女子学生が多く、宗教学に進むのは蛮カラな男子学生ばかりだった。
今から考えてみると、一九七四年という年になぜか一五名もの学生が宗教学を志望したのかという椿事は、時代の趨勢とも関わっている問題であったかもしれない。一九六八年から六九年に絶頂を迎えた政治的昂揚は、それ以後急速に消沈し、とりわけ一九七二年の連合赤軍事件の後では冷えきったものと化していた。それと相前後して柳田國男の再評価が始まり、これまで近代の最先端を模索していた青年たちが、土俗の一言で封印したままであった日本の前近代に眼を向けようという風潮が生じていた。時代は大きな意味で揺れ戻しのさなかにあったのである。

駒場と本郷とは、同じ東京大学のなかでもこれほど異なった雰囲気のキャンパスも珍しいといわれるが、確かにその通りで、まったく勝手が違っていた。中学生時代から駒場など自分の庭だくらいにしか思っていなかったわたしは、まず本郷の広大な敷地とそこにそそり立つ建築の威圧的な雰囲気に慣れなければならなかった。この人気のない風景はどこかで見たことがあるぞと、わたしは記憶の隅を穿ってみた。デ・キリコの油絵だった。

校舎はそれぞれに固有の来歴をもっており、いったい何のために使用されているのか見当もつかないものも少なくなかった。授業に使われている教室を出てふと気紛れを起こし、見知らぬ廊下を歩いてみようものなら、たちまちのうちに迷ってしまう。静まり返った通路を延々と過ぎた後で、さらに見知らぬ階段と見知らぬ通路にぶつかり、最後に行き止まりになるということもあった。ずっと後になってわたしはオーソン・ウェルズの監督したカフカの『審判』の映画版を観る機会があった。このフィルムのなかで主人公のアンソニー・パーキンスが裁判所の陰気な建物の内部を彷徨する場面まで来たとき、わたしはこれは本郷の校舎ではないかと叫び出しそうになった。本郷の赤門を出て地下鉄の駅までの間は、喫茶店や古本屋が並び、商店街を形成していた。夕暮れどきともなれば焼鳥屋が店先に炭火を出して、ここぞとばかりに煙を立て、帰りがけの学生たちを煽っていた。この賑やかで人懐っこい風景を眺めていると、つい十分ほど前まで自分がいた、人気がなく憂愁に満ちた空間とはいったい何だったのだろうという気持ちに襲われてくるのだった。

駒場の方がはるかによかったなあという気持ちは、本郷に進んでからもしばらくわたしを駒場に向かわせるのだった。駒場には本郷に進むことを嫌がって、駒場の教養学科に進学した友人が何人かいた。鈴木啓二や松浦寿輝、野村正人といったそうした面々はいずれもがフランス科で、わたしの目からすればフランスのことしか頭にないような生活をしていた。わたしは彼らの何人かと語らって、バシュラールの『夢想の詩学』という詩論をいっしょに読むことにした。どうしてこの書物を選ぶことにしたかといえば、数あるバシュラールの詩論のなかでもなぜかこれだけが翻訳が刊行されておらず、メンバーの多くは彼のほとんどの翻訳本をすでに読み終えてしまっていたからである。わたしが宗教学の方に感《かま》けているしばらくの間に彼らのフランス語ははるかに上達しており、わたしは彼らの後を一歩ずつ遅れるような感じで読書会に参加した。もっとも『夢想の詩学』は、読みあって議論をするというには、いささか食い足りない感じの書物であり、やがて読書会は中断されてしまった。わたしはといえば、読むことにはアニマとアニムスの二通りの姿勢があると説くこのエッセイを事のほか気に入り、それは後に『読むことのアニマ』(筑摩書房、一九九二)という題名の書物を著わすことにまで残響している。

バシュラールの読書会が終わりかけたころであると思うが、泉鏡花の幻想小説を読みあうという会合にも誘われて、何回か顔を出したことがある。主宰者は全共闘に加わって電通マンと結婚したという、典型的な東大の転向女子大生で、鏡花の全作品の題名リストに○と×を振っていた。その意味を尋ねると、○が幻想文学で、×がそうでないものだと、簡単な答えが戻ってきた。会合のメンバーの大方は由良君美のゼミの参加者やOBであったが、わたしは最初からこうした単純な二分法に粗雑な精神の運動しか感じられなかった。そこで、「文学とは幻想・非幻想と分けられるものではなく、存在しているという事実だけですでに充分に幻想的ではないですか」と生意気口を叩いてしまった。主宰者はこの発言が面白くなかったようで、鬼瓦のような表情でわたしを睨みつけた。わたしは彼らの同人誌にひどく気取った書き出しの鏡花論を一度寄稿したが、二度目はなかった。

わたしは駒場に残った者たちに、しだいに違和感を感じ始めた。彼らがいかにも狭く囲まれた庭にある安全地帯の砂場のなかで、いつまでも不毛な遊戯を繰り返しているように思われてきたのである。

宗教学科に入ってしばらく授業に出席していると、同期生たちのなかにもそれなりに面白い面々がいることがわかってきた。真面目で率先して読書会を提案したりする島田裕巳。何ごとにも悠々としたところがあって、すでに達観ということを心得ているといった渡辺直樹。篤実に文献を読み、ときに予期せぬユーモアを口にする鶴岡賀雄。いつでも元気がいい林淳。豪快さと繊細さを併せもった竹沢尚一郎。それに一年生のとき、わたしといっしょに安田講堂の側で写真を撮られた久我英二。

だがこうした、まだ海のものとも山のものとも区別のつかない三年生の上には、すでに一端の研究家を気取っている上級生がいた。競馬とギャンブルの話に眼がなく、スポーツ新聞に競馬評を書いて授業料を払っていると噂された植島啓司。授業にはほとんど顔を出さず、ピンク映画ばかり観ていた中原俊。食費にも事欠き、便所のスリッパを履いて平然と通学していた佐々木陽太郎。ゼミの途中で「われらが毛主席は」と突然にいい出し、周囲の誰もが理解できない冗談を口にしては、一人へらへらと笑っている中沢新一。ちなみに彼はその後、チベットに一度も足を踏み入れることなく『チベットのモーツァルト』というエッセイ集を書いて評判となり、第一級の詐欺師の才能を発揮した。

渡辺はその後『週刊SPA!』を皮切りにユニークな編集者として頭角を現わし、久我は（誰もが予想したように）雑誌出版社で水を得た魚のように活躍した。中原は日活ロマンポルノの最後のあたりで監督デビューし、『櫻の園』で新境地を開いた。佐々木は『パスカルとサド』という研究書を遺して夭折した。植島は『男が女になる病気』という処女作で澁澤龍彦に絶賛され、その後ギャンブルに強い学者として快楽原則の喧伝に忙しく、竹沢はパリからアフリカに渡り、現在は民族学博物館にいる。鶴岡は母校の宗教学科に残り、林は名古屋で同じく宗教学の教鞭を執っている。もっとも騒々しい話題を呼んだのが島田と中沢である。島田はオウム真理教との関わりを中傷され、事実無根の噂が原因で勤務先の大学を追放された。中沢もまたオウムとは深い関係にあったが、こちらは巧みに立ち回って、法螺吹きドンドンの寵児ぶりをメディアのなかで発揮している。島田はかつての親友の豹変振りを批判する書物を著わしたが、中沢はそれをまったく無視して現在に至っている。

三年生になってわたしが本郷で受講した柳川さんの宗教学概説の講義は、最初のうちはいかにも正統的な講壇学者のそれのように思えた。宗教史の方法論を設定し、原始宗教とトーテミズムを経て古代宗教へと、宗教の発展を辿ってゆく。だがそのうちにフレイザーの説く王殺しの話となったあたりから、段々と面白くなっていき、日本の天皇の即位儀礼における共床共食のもつ、死と再生のシンボリズムに至る。ここで女神とは何かという大問題が登場し、エーリッヒ・ノイマン、エリアーデ、津田左右吉の学説が比較対照される。ノイマンの意識起源論と龍殺しの神話分析は、先にユングの集合的無意識の概念に親しんでいたので、わたしには容易く理解することができた。そこで紀伊國屋洋書部に彼の大母神論の英訳をバッハオーフェンとともに注文し、ただちに読み耽った。わたしはこの夭折した神話研究家が、設立されて間もないテルアヴィヴ大学にて一連の書物を著わしていたことを、後書きで知った。柳川さんの講義からは少し逸脱することになるが、ここでノイマンのことに簡単に触れておきたい。テルアヴィヴという名前には聞き覚えがあった。つい二年前の五月、日本赤軍の三人の兵士が機関銃を乱射して全世界を震撼とさせたイスラエルの空港の名前が、日本ではテルアヴィヴと報道されていたためである（実はリッダ空港）。だがイスラエル建国とユダヤ人の殖民についてほとんど何も知らなかった当時のわたしには、それ以上に思考は進めることはできなかった。ただフランスの構造論者がしきりと口にするユング＝ナチ説が荒唐無稽な悪宣伝であることだけは、見当がついた。もしユングが第三帝国に加担していたとすれば、その一番弟子であるユダヤ人のノイマンがイスラエルの新生都市で師の学説の発展的継承など行うはずがないからである。ノイマンの書物に親しんで三〇年の後、わたしは現実にテルアヴィヴ大学に客員教授として赴くことになった。いくたびもボディチェックをされてようやく入構できたキャンパスは、アメリカ風に広々としており、構内にディアスポラ博物館が設置されていた。わたしは知り合いになった何人かのユダヤ人の教授にノイマンのことを尋ねたが、誰も一九五〇年代にこの大学にいた彼の名前を記憶している者はいなかった。

柳川さんの授業に戻ると、わたしが四年生になった一九七五年には、日本の新宗教をめぐるゼミナールが開催された。これは前年の講義とはうって変わって、先生が最初に方法論を提示すると、ゼミの参加者がめいめい教団を見つけ、その集会や合宿に参加した後に、大学に戻ってきて発表を行うという形をとっていた。

新宗教では当事者がみずからを宗教と名乗っているとはかぎらないというのが、柳川さんの基本的な前提だった。街角で歌っているハレクリシュナ運動も、空飛ぶ円盤と交信を図ろうとする集団も、さらには先鋭化された新左翼のセクト運動も、そこに新しい共同体再生の意思が働いているかぎり、現代の宗教学の対象と見なすことができる。新宗教は教理が不備であったり、金儲け主義だと非難されたり、とかく既成宗教と比べて軽蔑と迫害の対象とされることが多いが、実は宗教の本質とは、教団がまだ堅固に整っておらず、権力に弾圧されながらも社会的な下層に信者を見つけようとしている初期の段階においてこそ、優れて現われているものである。今日の日本には「神々のラッシュアワー」といわれるほどに多くの新宗教が乱立しているが、それらははたして未来の宗教たりうるのだろうか。また既成の宗教と文化を克服することができるのだろうか。柳川さんがゼミを開かれた主旨とはそのようなものであった。いくつかの質問条項を教示された後で、ゼミ生たちは思い思いの教団を選んで、夏休みに散っていった。

秋学期になると、彼らは潜り込みの結果を発表することになった。大本教、自然真道、チルドレン・オブ・ゴッド、世界真光文明教団、神霊教、エンカウンター・グループ……教団ごとにその歴史、組織者の経歴、教義と儀礼、信者たちの入信動機、その人数と社会的階層、地元との関係、現在の日本社会との関係などが報告された。

わたしと渡辺直樹は、GLAという教団を選んでその集会にいくたびか参加した。GLAというのは、「神の光協会」を英訳したものの略称である。コンピュータ会社の社長が突然に、自分が仏陀の転生であるという啓示を受けて二〇年ほど前に始めた教団であり、やがてその娘も古代アトランティス大陸の姫君の転生であることが判明した。日比谷公会堂で開催された大掛りな集会では、舞台に立った幹部会員たちが次々と古代の異言を唱え、司会者がそれを懸命になって通訳した。教義を説明されているうちに、これはどこかで聞いたことがあるぞ、まるで石森章太郎の漫画『幻魔大戦』のようではないか、という印象をもった。わたしの直感は正しかった。『幻魔大戦』の原作者である平井和正はGLAの熱心な信者であったため、おのずから脚本に教理を反映させてしまっていたのだ。わたしたちの発表は好評のうちに終了した。

わたしは大学を卒業する直前に、最後に教団に挨拶に行った。広報担当の人々は一様に親切で、もし就職口が見つからなかったらウチではどうかといってくれる人までいた。わたしは大学院に進学することが決まっていたので、この申し出は断らざるをえなかったが、もしGLAに就職していたとしたらと想像してみると面白いことになっていただろう。というのもわたしがこの教団を調査した翌年か翌々年に、東大法学部を卒業した大川隆法がその広報部に就職しているからである。やがて大川はＧＬＡの教義を自家薬籠中のものとして、「幸福の科学」という新しい教団を設立し、経典を新書版で販売するという方法で瞬く間に日本を代表する新宗教の総裁となった。二〇〇〇年代の初め、高輪のアパートに住んでいたわたしは、隣接していたホテル高輪が取り壊され、跡地に古代の神殿建築を真似たこの教団の大会堂が建設されたとき、ぼんやりとＧＬＡ時代のことを思い出していた。もしわたしが若く野心に満ちた大川とあの当時出会っていたとしたら、わたしは小川知子とともに、こうした建物の一つくらいを任される教団幹部になれていたかもしれなかったのである。

柳川さんの新宗教のゼミでは、最後に予期せぬことが一つ生じた。一一月に山岸会について発表し、その教義と現実の教団の間のズレについて分析を試みた島田裕巳が、しばらくしてそのまま教団に本当に参加し、戻ってこなくなってしまったのだ。彼は発表の時点でも、心底から山岸会の唱える理想社会の理念に共感している風であった。後に彼はその経緯を自己分析し、このときの体験を踏まえてより規模の大きな宗教学者として活躍することになるが、その理想主義的にして唐突な行動が他のゼミ生たちを驚かせたことは事実であった。

わたしは本郷を去ってから、島田裕巳と会うことはなくなった。ただメディアを通して彼が幸福の科学を批判したため執拗な妨害を受けたり、差別戒名を告発して浄土真宗を慌てさせたり、宗教学から出発して行動する知識人として活躍していることは、遠目からも注視を怠らなかった。彼が一九九五年にオウム真理教事件に連座したかどでメディアから迫害を受け、日本女子大を追放されたとき、わたしは彼を弁護する文章をただちに書いて発表した。島田は大学で原理運動の宣伝ヴィデオを上映したり、オウムのサティアンを宗教施設と呼んだといった理由から、TVに巣食う「宗教ジャーナリスト」たちに告発されていた。だが大学で宗教学を学んだわたしのような者からすれば、彼のそうした行為は柳川さんのゼミの方法論をごく正統的に適応したものにすぎないと考えられた。ある教団について情報を得るためには、まずその教団の自己認識を情報として知っておくことが学問の基礎であるし、オウム真理教が（たとえいかに暴力集団であったとしても）新宗教であるならば、その建築が宗教施設であるのは自明だからである。こうしたわたしの弁護がはたして当時のメディアの狂騒から島田を救出するのにどれだけ力あったかは、心もとない。だが事件が一段落して人々が落着きを取り戻したとき、彼は二〇数回にわたる名誉毀損の裁判のことごとくに勝訴し、オウムの御用学者という醜聞を完璧に跳ね返すことができた。もっともこの厄難を通して彼が失ったものは、大学の職を含め少なくない。もし彼が中沢新一のように容易く前言を取り消したり、意図的に虚言を弄するといった戦略を思いつくことができたとしたら、このようなことにはならなかったかもしれない。一九七五年の柳川ゼミに出席していた学生たちの約半数が、オウム事件のさいに宗教学者として意見を求められた。彼らの間にはその結果、微妙な亀裂が走ることになった。泉下の柳川先生がそれを知ったら、どのような感想を口にするだろうか。

第五章

恣意性と円環

ここで専門の宗教学の講義以外にも、わたしが受講した何人かの印象深い教授たちについて、簡単に記しておきたい。

憂鬱な本郷のキャンパスのなかでわたしの心が晴れる数少ない時間の一つは、水曜日の午前中に図書館のオーディオルームで開かれている、小泉文夫教授の民族音楽学の講義だった。彼は上野の東京芸大から不忍池を廻ってやって来るのだった。あるときはインドのコットンシャツで、別のあるときはジョグジャカルタのバティックでと、毎回自分が足を運んだ国々の民族衣装を身につけて現われた。教室のなかで参照したい音楽があると、右手の人差し指で軽く合図をする。すると壁に取り付けられたスピーカーから、バフィン島のイヌイットの整わぬ合唱の声やブラックアフリカの打楽器の強烈なリズムが、たちどころに流れてくるのだった。隣室におそらく助手が控えていたのだろうが、一年の講義を通してその姿を垣間見たことは一度もなかった。すべてはコクトーのフィルムのように設えられていて、小泉さんは教室では魔術師のようだった。

どんなジャンルの音楽でも、初発の混沌のときは勢いがいいが、やがて楽理が発達して洗練の極に到達した時点で、それに見合う演奏者が見当たらず、音楽は凋落に向かいます。一三世紀のアラビア音楽がいい例ですと、小泉さんは語った。音楽にもう一度活力を与えるためには、未知の音楽と衝突することしかないですねと付け加えて。小泉さんの講義ノオトを今読み返しながらこの一節まで来たとき、わたしはこの指摘が民族音楽にかぎらず、あらゆる芸術メディアにおいて正当であるという感想をもった。もとい凋落したメディアのことを、われわれは芸術と呼び慣らしてきたのではなかっただろうか。

国文学科では益田勝実が、法政大学から出向いてきて、日本神話について講義をしていた。益田さんはとにかく大声で、途切れることなく、いくらでも雑談を交えながら神話の意味を説き、その論理の骨太さによって学生たちを圧倒していた。古代人にとって「見る」という行為は、現代人が「見る」こととはまったく異なっている。神話とか伝説といっても、現代人が想定している概念をそのまま古代に適用してはならず、すべてを異なるものと前提して探求を進めなければならない。わたしはこの先生の講義を通して、天理教の始祖である中山みきの『泥海口記』がスカトロジーと水と土をめぐって、いかに豊かな物質的想像力を湛えたテクストであるかを教えられた。

京都大学の河合隼雄が教育学部に集中講義に来たとき、わたしは学部こそ違っていたが、運よくそれに潜り込むことに成功した。かねてから彼の『ユング心理学入門』を愛読していたので、さぞかしラテン語を駆使した理論的な講義を直に聞けることだろうと予想していたが、実際の講義は彼の研究室を訪れた子供たちが造った箱庭をスライドで次々と紹介し、河合さんがそれに細かな注釈を施していくというものだった。彼は心理学の専門用語としてconstellationという英語を日本語に直すさいに、「配置」とか「刺激布置」などといった、辞書の説明をそのまま用いてはならず、「えらい、よう出来とるなあ」と訳したほうがわかりやすいと、京都弁で語った。実際の子供たちの臨床を数限りなく続けてきた人だけがいいうる、体験に裏打ちされた言葉だった。一週間の講義が終わったあとで彼は、「それでは皆さん、これまでのノオトを全部提出してください」といった。講義内容が子供たちのプライヴァシーに関わるという配慮からだった。わたしは宗教学の分野では体験しなかった、知とモラルとの関係をここで初めて体験した。

丸山圭三郎のソシュール言語学講義は、河合さんとは対照的な印象を与えた。丸山さんには一年のとき、すでにフランス語の手解きをしてもらっていたが、今回も容赦なく、講義はいきなりサルトルの詩的言語論批判という、ひどく専門的な深みから出発した。それから彼は、共時態と通時態、ラングとパロール、記号の恣意性と関与性といったぐあいに、構造言語学の基礎をなす概念を実に明晰に説明していった。彼はバルトを荒唐無稽だとして認めず、サルトルは直感的すぎて粗雑だと批判した。チョムスキーについては微妙に距離を取りつつ、慎重に言葉を選んで発言していた。この講義に出席したおかげで、わたしはこれまで独学のせいで歪み多き認識に留まっていた記号学について、より明晰に理解できるようになった。ただ宗教学の徒としてのわたしが、どうしても最後まで拘泥し、受容するのに苦心したのが、記号の恣意性という概念だった。

いかなる記号も、表現の部分（シニフィアン）と内容の部分（シニフィエ）という二つの側面から成り立っている。両者は水に浮く木の葉の表と裏のようなもので、現実には切り離すことができない。だが原理的に考えてみるならば、ある表現とある内容が最初から結合していなければならない理由は、本来はどこにも存在していない。フランス語では夜という内容を示すため、ニュイッという音声の表現を使い、昼についてはジュールという表現を用いる。どうしてニュイッといった、機敏そうで切れのいい音声が昼ではなく、どこか眠たげで曖昧なジュールという音声が夜ではないのか。詩人のマラルメはかつてそのような不満を漏らしたが、確かにこの二つの単語を見てもわかるように、内容と音声の間にはいかなる必然性も存在していないのである。ソシュールはここに記号の本質が横たわっていると見なして、構造言語学の基礎概念とした。わたしにはそれが大きな躓きの石であった。もしそうだとすれば、十字架と神の神聖さであるとか、円環と世界の秩序性といった象徴論的な記号の結合はどう解釈すればよいのか。ユング心理学の立場からすれば、円はある普遍的な意味を湛えていなければならず、それは自然言語がもつ分節性によっては説明しがたい、超越的な未知に通じていることになる。もっとも神とか完成といった抽象概念にわざわざ言及しなくとも、ランボーが母音にはそれぞれ固有の色彩があるという有名な詩を残しているし、プルーストの主人公にとってコンブレとかバルベックといった固有名詞のもつ音の響きは、恣意的であるどころか、運命的とも呼びうる必然の絆によって意味内容と結びついていたのではなかったか。

ある講義が終わったとき、わたしがこうした内容のことを質問すると、丸山さんはそれは面白い質問だといった。まさにこの点が、象徴的想像力を重視する文学や宗教学と構造言語学の分岐するところであり、言語内部の恣意性についてはプラトンの同時代人であったクラチュロスの対話編からすでに論議がなされていたと、彼は付け加えた。後にわたしはジェラール・ジュネットの『ミモロジック』を知ることによって、この永遠に和解しえない論争について、西洋文学における系譜の精細を知ることができた。

恣意性という点でもうひとつわたしの腑に落ちなかったのは、ひとたびこの概念に捉えられてしまうと、それが人生をめぐる強力な隠喩として働き出してしまうためでもあった。記号の表現と内容の結合とは本来が恣意的な間柄ではあるが、この結合がなされてしまった後では、それはいかなる力によっても引き剥がすことはできず、あたかも当初から必然であったかのように振舞うことになる。ソシュールのこの教えがもし普遍の真理であったとすれば、恋愛における三角関係は、いかなる場合にも解決不可能な迷路に迷い込んでしまうだけではないか。またおのれの出自境遇をめぐっても、それを不条理と了解はしたところで結局のところ、古風な宿命論から逃れ出ることはできないのではないか。

わたしはさすがにこの言語学を大きく逸脱した問いだけは、丸山さんに訴えかける勇気はもたなかった。ただもし出来ることがあれば、最晩年の丸山さんに一度会っておきたかったと思う。彼が死に際して不可解な神秘主義に急旋回を示したことを知った上で、わたしは尋ねてみたいのだ。先生は今でも象徴論的思考を退けて、記号の恣意性に基礎付けられて人生が廻っているとお考えですかと。

もっともこうした講義のことばかりを書き連ねていると、この時期のわたしはさぞかし勉強ばかりしていたという風に見えるが、実はかならずしもそうではなかった。映画への熱狂はあいかわらず続いていた。ただこの時期になると、わたしは従来のように名画座廻りだけでは飽き足らなくなり、『ぴあ』に掲載されている特殊上映をつぶさに調べ上げるようになった。一九七〇年代の中ごろにはATG新宿文化のみならず、岩波ホールや三百人劇場といった芸術映画を上映する、中小の個性的な劇場が出現し出していたし、「カトル・ド・シネマ」「コルボ・シネマテック」といった自主上映会があちらこちらで開催されるようになっていた。そこにアテネフランセ文化センターや日仏会館での上映を加えると、一般公開されない実験映画や本邦未紹介の監督の作品をけっこう観ることができるようになっていた。とりわけ佐藤重臣が新宿歌舞伎町の一角を借りて開催していた「黙壷子シネマテーク」で、世界映画史に残る古典的作品を次々と観ることができたのは、わたしの映画体験にとっては重要な蓄積となった。

わたしはこの私設シネマテックでドライヤーの『裁かるるジャンヌ』を観、マルクス兄弟を観、スタン・ブラッケージとケネス・アンガーを観た。上映されるのは佐藤が個人的に蒐集したフィルムであって、推測するに彼は上映権の法的問題など最初から無視してかかっているようだった。このシネマテックを開催するために館主が気遣ったのは、地回りのヤクザとの話し合いを上首尾につけることだけだった。その意味で佐藤は、一九七〇年代になってもいまだにアンダーグラウンド文化の旗を振り続けている、数少ない抗戦派の一人だった。だがこのシネマテックは、たとえ不法な上映であったにせよ、映画マニアにとって大きな意味をもっていた。今日のようなDVDやヴィデオが存在していなかった時代にあって、世界映画史のなかの偉大な作品を観るためには、それがたまたまどこかで上映される機会を五年、一〇年と辛抱強く待たなければならなかったためである。文化とは地下で活動しているときにこそ大きな影響力をもつものであって、公然と陽の当たる場所に現われるようになったときにはその起爆力の半分はすでに損なわれているのである。わたしがこの真理を知るにあたって佐藤のアーカイヴの果たした役割は大きい。

歌舞伎町から花園神社に抜けるまでの、猫の額のようなゴールデン街に呑みに行くようになったのも、このころである。「ひしょう」「クラクラ」「ジュテ」「とうとうべ」といったバアには、それぞれ独自の客筋があり、あるところは映画人の溜まり場があるかと思うと、アングラ劇団の俳優やスタッフが渦《とぐろ》巻を巻いていて、入ってくる客の一人ひとりを誰何するといったところもあった。バアは旧青線の建物をそのまま流用していたため、どの部屋もひどく狭く、一〇人も入れば満員となってしまう。二階の上にさらに秘密の屋根裏があるところもあり、ふざけてカウンターの上からそこに潜り込んで酒盛りをしたこともあった。

一九七〇年代の半ばというのは学生運動の大いなる沈滞期であり、数年前に体験した昂揚と栄光にノスタルジアを寄せ、慷慨を語る者たちには事欠かなかった。わたしはまったく見ず知らずの人間に政治の議論を仕掛けられたり、絡まれたりすることがあった。ゴールデン街でわたしはまったく偶然のことから土方巽と谷川雁とが酒を酌み交わしている場面に居合わせてしまったり、吉本隆明が信者たちに囲まれているところを見かけたりした。武満徹が一人で熱燗を呑んでいたり、田中小実昌がのっそりと入ってくるのを見かけた。八〇年代になってからのことだが、片言の日本語を使う西洋人がカウンターの隣に座り、しばらく話をしているうちにヴィム・ヴェンダースだと判明して驚いたこともあった。

あるときわたしは、どこかで観たことのある顔がカウンターの端で一人呑んでいることに気付いた。佐藤重臣だった。彼はひどく酔っていて、誰彼かまわずに「みんな、佐藤重臣を知ってるか」と話をしかけていた。いつの間にか祝祭の時代が終わってしまい、ただ一人塵埃の散らばる広場に置き去りにされた者のような呑み方だった。周囲の客たちが当惑しているのがわかった。わたしが挨拶をすると彼は力なく笑い、それからふたたび孤独地獄のなかに迷うように杯を呷った。

さて、わたしはここまでで本郷時代の知的思索と街の彷徨について語ってきた。おそらく読者のなかには、当時のわたしの異性との交渉について好奇心を抱くにいたる向きも存在しているかもしれない。確かに自伝的回想ということにあれば、性的な問題を回避することは片手落ちといった印象を与えるだろうし、逆に一九世紀イギリスに生きたフランク・ハリスのように、もっぱらその面にのみ焦点を当てて自叙伝をものするといった人物も存在している。わたしは彼の五巻からなる『わが生と愛』を一九歳のときに通読して、その晩年の凋落のあり方に感銘を受けたことを、ここに告白しておきたい。

わたしにしたところで、ハリスのような性豪とは比較にならないにせよ、大学時代に男女関係をめぐる事件がなかったわけではない。泡粒のように生まれたものの、充分に結実しないままに終わってしまった事件もあれば、今思い出してみてかなり危ない橋を渡っていたなと思われる事件もあったと、正直に記しておくべきであろう。だが本書ではわたしのそうした個人的な事件について、それ以上は口を噤んでおこうと思う。誇張に由来する自慢も、その逆の卑下もこのさい違いはない。そこでわたしが目下執筆しているこの『歳月の鉛』という書物において、性的なるものがいかなる意味でも問題文脈を構成しないという事実を、まず宣言しておきたいのだ。

誤解がないように説明しておくと、こうした決断はわたしがアメリカでいう「聖書の帯」地帯に生を受け、性を禁忌とする文化に生きてきたからではない。わたしが本書で個人的なそうした事柄を語ることに嫌悪を感じるのは、それがきわめて凡庸なことだからである。わたしには偏見に似た思い込みがあって、それはいかなる個人も知的探求という面においてはそれなりに独自の存在であり、ある必然性のもとに他人に代替できない思考を実践しうる存在なのだが、こと恋愛やセックスという面となると、誰もが似た行動と感情に陥るばかりで、そこにはいささかも個別に語りうる価値はないという考えから自由になることができないでいる。たとえわたしが、自分の人生にとって奇跡にして稀有な恋愛について語ったとしても、それは傍目にはどこにでもある凡庸な物語に過ぎず、これまでのわたしの物語を読み進めてきた読者には冗長で退屈きわまりないものに映るはずである。加えてわたしはかつて性豪を自称した人物を身近に何人か知っているが、彼らの零落ぶりをも知らないわけではないと付記しておきたい。

わたしがこの側面において個人的な事情を語ることに躊躇するもう一つの理由は、現代社会において性の領域こそが人間にとって実存的真理の宿る本質的な場所であるというドクサ（思い込み）に対し、できるかぎり抵抗しておきたいと個人的に考えているためである。今日ではある人間が同性愛者であるか、幼児愛好者であるか、それともそのどちらでもない存在であるかという問題と、その人間がグレン・グールドのピアノ演奏を好むのか、それとも高橋悠治の演奏を好むのかという問題とでは、どちらがその人物についての真理を語っていると見なされているだろうか。こうした問いを口にすると、十中八九の人々は、当然のように前者の方がはるかに重要だと答えることだろう。一人の人間は現代音楽の愛好家であるよりも、韓国料理の愛好家であるよりも、まずゲイかゲイでないかという分類によって本質を規定されてしまうのである。

だがわたしには、こうした強制的ともいえる事態が、かつて文化大革命時代の中国で、すべての人間がブルジョワかプロレタリアートのどちらかに粗雑に分類されたのと同じように、かぎりなく抑圧的暴力を孕んだものであると感じられて仕方がないのである。性にこそ人間の究極の真理が宿り、人はまず性的な嗜好や経験の有無によって分類化され、自己同一性を与えられるものだという頑強な信念自体が、きわめて抑圧的な制度的思考の所産であるように感じられるのだ。この点でわたしは、『性の歴史』の著者であるフーコーに、全面的に賛意を示したいと思う。人は異性愛者でも同性愛者でもなく、ただ孤独なだけなのだ。そもそも直接の性行為の相手である場合を例外とすれば、一人の人間を性的嗜好という基準を中心に判断することに、どれほどの意味があるというのだろう。わたしがもし男女を問わず未知の人間と出会って、その人物に関心を抱いたとすれば、おそらく彼(女)がジョセフ・ロージーのフィルムを好きかどうかとか、イスラム教徒に偏見をもっていないかといった基準で、その人物の真理を測定することだろう。わたしがみずからの性的体験を口にすることを控えたいのは、かかる性と真理との共犯関係から明確に距離を取っておきたいためである。

ちなみにわたしが在学していた時期の東京大学の教養学部と文学部では、性的な契機はいくらでもあったという印象を、わたしは漠然とではあるが抱いている。あるときわたしはまったく偶然のことから、クラスこそ違え同じ学年で机を並べている一人の女子学生と、その点について親密に話しこんだことがあった。彼女は最初、同じ運動部（それがバスケットボールであったのか、バレーボールであったのかは失念してしまったが）に属している女友だちの肉体について、シャワールームで見聞したすべてを、乳房の大きさや形状にいたるまで面白おかしく説明をし始めた。わたしが黙って聞いていると、彼女は調子に乗り、やがて同じ部員たちの性的な嗜好について、いささかも隠すところなく、まったくの無防備のうちに語りだした。そのなかにはわたしが個人的に知っている同級生も混じっていた。彼女の言によるならば、ある女子学生は特定の相手を決めることが嫌いで、上級生から留学生まで、まったく見境なしに行き当たりばったりに男と性行為に耽ることにしか興味をもっていなかった。別の者は外国語学校の女教師からレズビアンの手解きを受け、それを周囲の誰彼を問わず「伝染」させていた。この風変わりな情報提供者の言を信じるならば、彼女の周囲で女性が処女を喪失するときには、相手の男性のみならず親しい友人の女性が傍らに控えている場合が少なくないとのことだった。仲のよい女性どうしが共同で生活している部屋にある晩、突然にどちらかの男友だちが訪れ、いつしか三人で性行為が行われるというわけである。当時はまだ3Pという言葉もなく、こうした話のいっさいは、男子高校で質実剛健に育ってきたわたしには驚異そのものであった。だがさらに驚くべきは、自分にとってさほど親しいわけでもない女性が、問われもしないのに知人友人の性生活について、こうして饒舌を重ねるという事実だった。

わたしは『失われた時を求めて』で主人公が恋人アルベルチーヌの失踪の原因を知りたいと思い、かつて彼女とともに「花咲く乙女たち」の一人であったアンドレという女性のもとを訪問するくだりを思い出した。アンドレは主人公と情交を交わすや否や、それこそ明け透けにアルベルチーヌの隠れたご乱交を主人公に説明してみせ、彼を奈落の底へと突き落としてしまうのである。おそらくこれが男どうしであったとすれば、みずからの、そして友人の性的体験をめぐって、ここまで立ち入った話はしないのではないかと、わたしは考えている。わたしの知らないところで、女子学生たちはセックスをめぐるネットワークを形成し、噂と情報が頻繁に行きかう言説の宇宙を築いていた。偶然にもその結節点のひとつに接することになったわたしは、彼女たちが男子学生の想像もしない水面下で営んでいる生態に絶句するしかなかった。だが一度その気になれば、彼女たちがそれを重大な秘匿すべき秘密だなどとは思いもせず、何でも喋ってしまうことも事実だった。彼女たちは秘密を保つには、まだあまりに成熟していなかったのである。それはわたしにしても同じことで、こうした「告白」を通して宇宙が転覆するのではないかと思い込んでしまう程度には、未熟だったのだといえるだろう。

宗教学科時代の章を終えるにあたって、最後にわたしは自分の卒業論文についても簡単に触れておいた方がいいかもしれない。今わたしは押入れの段ボールのなかから、Ad Circulum Ignotum と、題名だけは背伸びをしてラテン語で設えてみせた手書きの論文を取り出して、三三年ぶりに頁を捲っているところである。自分では「未知なる円に向かって」というつもりだったのだろう。

エピグラムには宮澤賢治の「貝の火」の一節、ホモイが不思議な球体を初めて手にしたあたりの部分が掲げられている。続いてパウル・クレーの絵画における、円環の出現とその変容が辿られる。若くして『カンディード』に夢中だった皮肉屋のクレーは、三五歳のときにマグレブに旅行し、光り輝く満月を目の当たりにして決定的な啓示を受ける。彼の内面で善と悪の分離対立の時期が終わり、両者を兼ね備えた統合的な神アブラクサスへと向かわんとする強い意志が湧き上がる。二三歳のわたしはそれなりにクレーの日記を丹念に読み、彼の内側にある円環の映像がそれ以降、どのように絵画において成熟していったかを追跡している。

次の章ではユングが円環をどのように認識し、理論化の手立てとしていたかが、その自伝と症例研究に基づいて叙述され、仏教でいう曼荼羅が彼にとって原型的な意味をもっていたことが説明される。円環には始原、宇宙秩序、究極の到達といった性格があることが指摘され、近代におけるイコノクラスム、象徴的意識の凋落によって、円のシンボリズムに大きな困難が生じてきたことが説明される。二〇世紀における空飛ぶ円盤騒動は、この一度疎外された円環にむけての、現代人の渇望の現われではないだろうかという問題提議で、論文は閉じられる。

よくもまあ、このような文学的感傷に満ちたパッチワーク的文章が卒業論文として受理されたものだと、今更ながらに驚かざるをえない。宮澤賢治からクレー、UFO……要するに自分が好きなものだけを、昆虫採集の標本のように陳列してみせただけの文章である。これが通ったのは、もっぱら柳川先生の寛容さによるものだろう。ユングとエリアーデはもとより、ニーチェ、ヘッセ、ケレーニイと、とにかく読んだことのある書物は残らず引用し、註に言及したものだから、大部ではあるが統合性に欠け、理論的に突き詰めていくならば危うく空中分解寸前のところまで来ている。論文審査のとき、それではあなたの考えによれば、聖なるものは円環の内側に生成する現象なのか、それとも外部から内側を脅かす未知なるものなのかと柳川さんに尋ねられ、答えられずに沈黙してしまった記憶がある。

それでもこの論文が現在のわたしにいささかでも興味深く思われるのは、まず第一章がクレーのチュニジア体験に割かれてるからだろう。この当時のわたしは、まさか自分が後にマグレブにあれほどまでに入れあげるとは想像だにしていなかったが、無意識のうちに満月の啓示を受けたいと望んでいたのだ。一二年後にはモロッコで浴びるほどに満月の光を体験したとき、わわたしはクレーの日記の一説を思い出した。

とはいえ、これがわたしの二年間に及ぶ本郷での大学生活だった。卒業論文を提出すると、わたしは他の級友と同じようには宗教学科の大学院を受験せず、駒場にある人文系大学院の比較文化比較文学専攻課程を受験した。資質からいって、とうてい自分は篤実な宗教学者にはなれないだろう、それよりもむしろここで学んだ理論を生かして文学研究に適用してみようと考えたためである。駒場の大学院は当時、大学院のなかでも「二期校」だと陰口を叩かれ、本郷の院の試験を落第した者が翌年に受験するところだと見なされていた。わたしは何の迷いもなく受験し、ほとんど自動的に合格した。もしわたしに安堵するところがあったとすれば、その安堵は大学院に合格したからではなく、古巣の駒場に戻ることができたことに由来していたはずである。

わたしが本郷にいた二年の間に田中内閣は退陣し、ヴェトナム戦争はアメリカの敗北という形で終結していた。東京では東アジア反日武装戦線を名乗る集団が連続して企業を爆破し、ひめゆりの塔を訪問した皇太子夫妻は火炎瓶でもって歓迎された。山口百恵という三白眼の少女が歌手としてデビューし、横溝正史の探偵小説がブームを呼んでいた。スピルバーグが『ジョーズ』で脚光を浴び、『エマニエル夫人』が女性客を集めていた。だがわたしにはそうした外部の世界の出来ごとは、まったくといってよいほど眼中になかった。映画はいつも二番館か名画座に降りて来てからでしか縁がなかったし、国際情勢にはまったく関心を失っていた。戦後生まれで初の芥川賞ということで中上健次が話題になっていたが、わたしはその名にも作品にもまったく関心がなかった。後に彼と深い親交を結び、その作品全体について二冊の書物まで著わす者にして、そうだったのである。わたしの心を躍らせた数少ないものとは、西欧の人文科学書の新しい翻訳であり、「思想の世界に亀裂よ走れ」と呼びかけた雑誌『エピステーメー』の創刊であった。わたしはまるで胡桃の内側に頑固に閉じこもり、誰にも気づかれずに思考を続けている、憂鬱そうな齧歯類のごとくであった。

そうそう、この章を閉じるにあたって、一つだけ傑作な挿話を紹介しておいてもいいかもしれない。大学生の間、わたしはのべつ幕なしに家庭教師のアルバイトを続けていたが、そのなかにある有名女子大の附属高校に通っている摩耶ちゃんという女の子がいた。風吹ジュンに少し似ているというのが本人の自慢で、わたしが彼女の勉強部屋に入っていくと、さっと机からセブンスターを出してわたしに差し出す習慣があった。もっともそれは、もとより煙草が苦手なわたしのためにではなく、自分が吸うためであった。わたしが受験勉強の補習のためその部屋に滞在しているかぎり、いくら部屋に煙草の煙が充満しようともそれはわたしのせいにできるというのが、彼女の知恵だった。早熟なところのある少女で、澁澤龍彦が翻訳した『O嬢の物語』に心酔していて、家庭教師のわたしを当惑させるような性的な質問をときどき仕掛けてくるのだった。

たしか夏休みの前あたりのことだが、摩耶ちゃんが夏休みの社会のレポートを代筆してくれないかと頼んできたことがあった。わたしはちょうど宗教心理学のレポートを書き上げたばかりだったので、これを参考にして適当に書いてごらんと、その下書きを彼女に渡した。そこで彼女は「マルティン・ルターの宗教的回心における夢の役割」というわたしの原稿を、何も考えずにそのまま写して新学期に教師に提出した。わたしはそれっきりこのことは忘れてしまっていた。

半年後にそれは大事件となった。その学年が終わるころ、わたしの懸命なる家庭教師の甲斐もなくあらゆる大学に落ちまくった彼女の前に、社会科の教師が大慌てで入ってきた。なんと彼女の作文は、その年にある教育行政機関が定めたコンクールで高校生として最優秀賞を受賞してしまったのだった！　その教師は大悦びのようだった。秋学期のはじめにレポートを受け取った教師は、予想もしない出来に驚き、本人には無断のまま、それを作文コンクールに送った。それが図らずも一位に当選してしまったわけである。あなたは遅刻はしてくるし、授業中に居眠りはするし、とても問題のある生徒だと思っていましたが、卒業の前に大変立派なことをしてくれました。彼女はそういって、目の前の女生徒を抱きしめんばかりに興奮していたという。コクトーは『恐るべき子供たち』のなかで、エリザベートにとっては奇跡が起きること自体が日常であったという意味の文章を書いている。この伝でいうならば、摩耶という女の子にとっても、奇跡とは何か日常的に起きることなのだった。賞のお礼に一度先生をフランス料理店にお招きいたしますわと、彼女の母親はいった。もっとも彼女はそういった口から約束を忘れてしまったらしく、わたしがレストランに招かれることはその後もなかった。

第六章

ノオト1974-1976

二一歳から二三歳までの二年間に執筆された六冊の大学ノオトから四二の断章を選んだ。この時期のわたしは、目的も方向も定かでなかった濫読の時期がようやく終了し、宗教学を中心に、人類学、神話学、神学の書物をもっぱら集中して読んでいる。おのずからノオトにもその感想や、そこから示唆された断片が目立つようになる。

ニーチェへの耽溺はますます強くなる一方であったが、その好敵手としてユングが登場してくる。ユングは最初は近代批判者のニーチェと歩みをともにしていたが、ある時点から彼と離反して別の道を歩むようになった。その時点を見究めてみたいというのが、わたしの関心となった。今にして思えばそこで人はフロイトに突き当るはずなのだが、なぜかわたしはフロイトを迂回して、ニーチェの覗きこんだ深淵をあえてそのままにし、亀裂を亀裂として見つめてみようと思ったのである。

わたしは一方で、世界の中心には宇宙樹が聳え立ち、その周囲を円環が取り巻いているといったヴィジョンに魅惑されながらも、もう一方ではもはやかかる中心のシンボリズムは解体されて久しいのだという、ニーチェ以降の理念を受け入れないわけにはいかなかった。原型論、象徴論とそれに対抗する表層論の戦いは、わたしのなかでは永遠回帰を円環モデルのもとに受け入れるか、他者の回帰として了解するかという二つの立場の対立と関係し、言語論においてはクラチュロス問題の形をとった。わたしはこの相対立する二つの立場にいずれにも魅惑されている自分の、きわめて両義的なありかたを思考の対象としなければならなかった。

この時期のノオトで顕著なのは、夢の記述がかなりの分量を占めているという事実である。人間の意識による認識を超えたものを媒介として、すべてをもう一度認識し直してみたいという欲望が、わたしを夢の記録へと向かわせたのだろう。夢の記述が不思議なのは、記述をしばらく続けていくと、いくらでも鮮明な記述が得られるようになるという現象であった。やがて特定の型をもった夢が繰り返し登場することが判明してくる。わたしの場合それは、女を殺して家の地下に埋葬しておいたところ、家を建て直すことになり死体発覚を恐怖するという内容のものであった。この夢は一〇年ほど続き、やがて消滅した。

第二章に倣って、ここでも若干の引用註を記しておくことにしたい。

5にアルトーとあるのは、彼が脚本を担当した『貝殻と僧侶』と翻案「耳無し芳一」に起因している。8は短歌作品である。わたしにはまったく記憶がなく、あるいは誰か他人の作品ではないかとも懸念してみたが、心当たりがなかった。ジョルジとはジョージのイタリア読みであるが、画家ジョルジョーネの絵画に類似の光景があるので、おそらくそれに想を得て、やはりわたしが作ったのだろうと判断した。10のボードレールは「シテール島への旅」の冒頭の行。11は『道徳経』にある有名な「絶学無憂」の一節を自分なりに翻訳したもの。この部分を知ったのは、埴谷雄高の『死霊』の登場人物が口誦んでいたことによる。12、13はフォークナー『響きと怒り』第一章とともに、田村隆一『緑の思想』の影が落ちている。15と20はキャロル『不思議の国のアリス』と宮川淳のイマージュ論を読み終えた直後の興奮から執筆された。21にある「数と存在」はボードレールの「聖ペテロの否認」より。23はパウンドの『ピサ詩篇』第七六篇より。26はいうまでもなく『ツァラトゥストラ』。29はジョルジュ・プーレ『円環の変貌』の指摘によらなければ、当時のわたしが独力でボードレールからこうした思考を引き出すことはできなかっただろう。36は岩波ホールで観た衣笠貞之助の二作品から受けた印象による。

1

私はもうテロリズムの夢は見ないだろう。
永遠に遠ざかりゆくものを理解しようなどとは、思わないほうがいい。

2

もう友人など必要がない。
私が求めているのは思考の共犯者だけだ。

3

エイヘンバウム「ゴーゴリの『外套』はいかにして作られたか」を読む。なんと楽しい論文。朗読の身振り手振りが書き言葉にどのような痕跡を残すことになるかが、よくわかる。夢野久作のために書かれた論文であるかのようだ。落語がゴーゴリに接触したらどうだっただろう。

4

エドマンド・リーチ「時間の象徴的表象に関する二つのエッセイ」を読む。聖なる時間vs世俗の時間、一方に循環する時間があり、もう一方に対立しあいながら二つの状態の間を振り子のように交替してゆく時間がある。祭りの時間のあり方について、宗教学のレポート（脇坂教授）をこの二、三日で仕上げること。柳川教授「宗教学概論」のためには、フロベールの描いた『聖ジュリアン伝』と、法華寺のから風呂における癩病患者の仏陀への変身を比較して書くこと。汚穢が聖性へと一瞬のうちに変容する力学を、宗教学の問題として考えること。

5

『パルジファル』をFMで聴いているうちにうとうとと眠りこんでしまい、さながら自分がアントナン・アルトーの錯乱に見舞われたような夢を見る。私は喋っている。思いつくままに。まったく自由に、無規則に、無意味に……。夢のなかでぜひ憶えておこうと努力し、海の底に潜った者がシャコ貝のなかの真珠を摑み取り、大急ぎで水面へと浮上するかのように、もちかえった言葉の断片。「都市は人間の究極の夜、死である。」だがこの断片は正確ではない。本当は韻律を踏んだ英語の二行だったはずだ。私が認識したとき、そのことですでにそれは変形して損なわれてしまったのだ。

6

笠井叡『天照大御神への鎮魂の舞ひ』を観る。

舞踏家の肉体の垂直性。黒い貴婦人の衣装は死の女神そのもの。

バッハの音楽。死の音楽。ピンク・フロイドは黄の衣装で舞い狂うアルメ。アマテラスの狂舞。

帰宅して夜明けごろ、不気味な夢を見る。私は祖父の家で、粘土と紙で作られた恐ろしい武士に出会う。彼はかつて祖父の配下で、顔はおそらく白癩のため半ば崩れている。目覚めると、若冲の描いた化鳥たちが暗い部屋のあちこちに潜んでいるような気配がした。

7

「幕間に、彼女は見知らぬ青年をつれて劇場へ現れた。彼女はとても美しく見えた。私は彼女が目の前を通り過ぎるのを見た。すぐ近くなのに、無限に遠く、まるでガラスの向う側にあるような場所を往き来するのを見た。私はある愚かしい考えにとりつかれた。当然話しかけることもできたのに、そうしたくはなかった。また実際にそうできなかったにちがいない。彼女は私の前で、ひとつの思想が持っている自由を身につけて立っていた。彼女はこの世に存在してはいたが、私の思想であるかぎり、この世で会うことはできなかった。」

モーリス・ブランショ『死の宣告』*08

8

聖ジョルジ逝けり老いたる樫の木の雲の彼方に消ゆる微笑よ

9

あるとないとは、方向の違いにすぎない。

西脇順三郎

10

なぜ地上のあらゆる扉は、私の目の前で音もなく閉まってしまうのか。

私に好意を示し、優しげに部屋のなかへと導いてくれる扉は存在していないのか。なぜ扉という扉は、私から無限に隔たったところにあるのか。
「わが心、鳥のごとくして……」

ボードレール

11

学ぼうと思い立たなければ心配ごとは消えてしまう。AとA'は一体どこが違うのか。善と悪はどこが違うのか。誰もが近づかないものには近づかない方がいいというが、空しくつまらない話だ。人々は愉しそうに宴会をしている。だが私だけは何もせず、何の素振りも見せない。笑ったことのない赤ん坊みたいなものだ。いつも落ち着かずに、戻るところもない。人々は裕福なのに、私はすべてを失ってしまった。私とは馬鹿の心。つまらないことでくよくよしている。大概の人が頭を素早く回らせるところで、私は鈍くて見当がつかない。普通の人が抜け目なく振舞うところで、私は気が向かず心が動こうとしない。心は海のように揺れ、風のように荒れ続ける。誰でも美点のひとつくらいはあるのに、私には何もない。頑迷で捻くれている。私だけが他の人たちと違っている。そして私だけが母を食べることを徳だと信じている。

老子『道徳経』

12

毎日の生活に明確な輪郭がない。崇高なもの、どこまでも透明で清冽なものに出くわしてしまうと､自分の不透明さがひどく気になって､後ろめたい気持ちに襲われてしまう。一度、白痴になってモノを見てみたい（フォークナーの『響きと怒り』の語り手のように）。いかなる悦びも卑小さだけが目立つようになった。小さなことがいつまでも気になってしかたがない。自分の歩調と速度を見極めることが大切だ。

13

人生の薄明のときに、一度だけでいいから白痴の眼で世界を見つめてみたい。言葉という言葉を失い、モノを連続体として、いまだ見たことのないものとして認識してみたい。あらゆる分節化を拒んでみたい。自分の肉体と、それが腰掛けている机や椅子が融けあって見えるとしたら、どれほどすばらしいことか。

14

一昨日、研究室でユングについて発表を終える。九〇分の発表では結局、概説で終わってしまう。『太乙金華宗旨』について彼が述べたこと。It is not I who live. It lives me.『使徒行伝』にも類似の表現あり。比較すること。

15

気がかりな夢。
祖父の屋敷の女中部屋に、私はいる。雨戸が閉まっていて、室内はひどく薄暗い。

部屋の隅に小さな水溜りができている。水中には小さな岩に囲まれて、宝石をはじめ、私の気をそそるものがいくつも沈んでいる。私は台所にいる母親に、それを手で掬って水から運び出していいかと訪ねるが、そんなことはしなくてもいいと諭される。水量が段々増えてくる。だが水はけっして隣の部屋や廊下に溢れ出ることはない。部屋の境目の少し手前に巧みに丸まった傾斜が設けられてあって、畳の上に岸辺が出来ているのだ。私はこの不思議な水の塊を好ましく思い、そのなかに潜ってみたりする。しばらくして私はふと想像する。閉められた雨戸の向こう側も、実ははるか昔から水の領域ではないだろうかと。私は意を決して雨戸を開け、顔を外に出してみるが、そこがはたして水なのか大気なのかが咄嗟に見当がつかない。だがそのとき、激しい勢いで部屋のなかから水が溢れ出る。外側はやはり大気だったのだ。私は慌てて雨戸を閉めようとするが、水のあまりの激しさに負けて閉めることができない。

私はなぜしばしばあの女中部屋のことを夢に見るのか。女中たちがすべて出払ってしまった後、あの部屋に最後に住んでいたのは九〇歳近い曾祖母だった。西日が差し込む、畳の擦り切れた六畳間で、彼女は聴こえなくなった耳とともに、いつもじっと座っていた。

16

夜明け。ただナイフのような不安がある。いつも私の背後には誰かがいて、私を圧迫し、余白を埋め尽くしてしまう。私は自由であったためしが一度もなかった。ガラス窓は直線で区切られている。胸騒ぎのする夜明け。狭い道路を隔てて、家の裏側に行儀よく並んでいる樹木。曖昧な予感。午前六時三〇分。騒音の予感。やがて誰かがおきだすだろう。私は今ひとりで書いている。私はいつもひとりだ。どうして風景のなかで家という家は不動の佇まいを見せるのか。否定しがたい存在として、固く、冷たく、そこにあるのか。薄暗い壁。折れ曲がった屋根の連なり。汚れたところと、まだ汚れていないところ。物質はなぜいつも不透明な沈黙を守っているのか。空が緩やかに動いてゆく。どこか遠いところで鳥が一瞬鳴く。とても遠いところだ。パレットを洗ったときの汚れた水のような壁。灰色の壁。私は貧しい光の下で書く。私は貧しさにおいて書く。もうどのような神も私には降りてこないだろう。私は生きている間、自分の肉体から一ミリとて外側に出ることができない。生とは意識の奴隷であることだ。

17

不可能なもの。近づこうと試みるほど、いかに隔たっているかが痛々しく感じられるもの。遠くから見るとはっきりと形をとっているように見えるが、ひとたび近づこうとするとすべてが曖昧となり、道を失わざるをえなくなるもの。アリスの戸棚。

太陽を見つめ続ける者は、ある瞬間、あまりの光度に視覚が破壊され盲目と化してしまう。彼はその瞬間から網膜の裏側に太陽の残像を、すなわち太陽の不在を見ることとだろう。イマージュは現実の太陽の代替物となることを拒み、それ自身が太陽であることを主張する。盲人はこの変化にはたして気づくだろうか。自分が眺めているのがもはや実在の太陽などではなく、夢のなかの太陽の傷跡であると知るだろうか。彼は死に到るまで、太陽から眼を逸らすことができない。眼に焼き付けられた太陽は、彼が地上のどこにさまよい歩いたところで、やはり彼の眼前に存在するのだ。太陽を見つめることは死に似ていると書いたラ・ロシュフコーは正しい。

18

クロソウスキーはニーチェの哲学の全体が彼の偏頭痛から生じたと説く。サドの不条理な監禁状態。キェルケゴールが傴僂の醜男であったという事実を考える。哲学者はみずからの肉体から何を受け取るのか。

19

言語以前に思考はありえたのか。

たとえそれがありえたとしても、私はそれをもはや思考することができない。ソシュールは主知主義を拒み、人間の思考と範疇化は言語以後に生じた、いや少なくとも言語の成立とともに生じたと主張する。マラルメの夢想した、バベルの塔以前の不滅の言語、クラチュロスの説く言語のことを思考する。ソシュールは言語のなかには差異しか存在しないと説く。差異と関係の言語と、実態をもち詩的喚起力に満ちたモノとしての言語の対立。では詩とは何なのか。

エリアス・カネッティは『マラケシュの声』のなかで、究極の言語のあり方を図らずも素描してみせた。一人のモロッコ人の乞食が、老いて歯という歯を失い、もはやアラーの名前を唱えることすら困難となった。彼は日がな一日、アーアーと口を開けているだけだ。マラルメのいう「生《なま》の言語」の極限とはそのようなものとなるだろう。

一方、「本質的言語」の極限には、ベケットの、あの始まりも終わりもない曖昧な声が位置している。この二つの逸脱の姿が互いに薄気味悪くも酷似していることの意味とは、何だろう。いずれも声を失ってしまった次の瞬間に、発語する主体が消滅をしてしまう。『雨月物語』の青頭巾は、経文を語り終えるとそのまま消滅してしまった。

20

砂漠がどこから始まっているのか、それに答えることは困難だ。気がつくとそこは確かに砂漠だ。だが私たちが都市から歩んできた道のりをもう一度辿ってみても、始まりは巧妙に隠されている。[*09]

ある意味で砂漠はまだ始まっていない。この地はまだ都市よりわずかに遠ざかったにすぎず、寺院の円柱がまだ微かに見えているではないか。急げば半日で、あの懐かしい街角へ、王宮と家族のもとへ帰りつくこともできよう。まだ砂漠について問いかけを発するには、時期尚早だったのだ。

かくして私たちの砂漠の認識はつねにすでに(toujours déjà)[*10]遅れてしまうことになる。問いは際限もなく反復されるであろうし、私たちは後にしてきた都市と砂漠のさなかにある至高者の宮殿の間に宙吊りにされ、ひょっとしてつねに同じ場所に留まっているのかもしれないのだ。[*11]

21

書くとは、砂漠にむかって足を踏み出すことだ。

当初は、数と存在に支配されている不幸な都市から逃げ出し、自由になるために。だが中途では旅行者は疑惑に駆られる。ひょっとしてわたしが後にしてきた、埃に満ちた喧騒の巷こそカナンの地ではなかったのか。しかし彼はまだ気づいていないのだ。自分の彷徨が意志に基づくものではなく、彼が都市から排除され締め出されたことに起因しているという事実を。ひとたび外部に向かって歩き出した者のため、城壁は二度と門を開くことはあるまい。出発点に戻るなどとは幻想にすぎないのだ。彼は存在するかどうかも定かでない砂漠の中心にむかって、際限のない彷徨を続けるしかないのである。[*12]

22

私とは何か。私は私ではない。自同律[*13]を認めたり、あるひとつの場所に安住したりできないがために、人は「私が私である」アイデンティティーの成立の場を求めて、モノを書くのだ。鏡花にしたところでそうだった。だが私がまだ私でないとしたら、私とはいつか私が到達できるであろう一抹の希望の標的であるとしたら。

23

崩壊寸前の蟻塚からかろうじて逃げ延びてきた一匹の蟻

彼が挽歌を歌うとき、それは誰に送り届けられることになるのか？

24

鏡花の問題点。

古典的テクストがもつあの整合性の不在。謎はかならずしも回答されるとはかぎらないし、そもそも謎として定式化されるわけでもない。謎はただ文脈のなかに出現し、彗星のように尾を引いて消えてしまう。厳密な解釈論のコードからは抜け落ちてしまう曖昧なもの。いったい彼の書いたものを、どう読んでいけばよいのか。

25

今日は六年ぶりの大雪だという。正午に目覚めると、静かに雪が降り積もっていた。バッハの「無伴奏チェロ・ソナタ」をしばらく聴き、『恐るべき子供たち』の冒頭の雪合戦の光景を思い出した。外景の雪の明るさと、ひとたび家の内側に入ったときの光線の暗さ。何回読み直しても美しい場面だろう。午後、私は一人で井の頭公園まで出かけた。まだ誰も足を踏み入れていない雪がいたるところにあった。川岸。その向うの平原。鉄道の高架の下。子供たちが何組か、雪達磨を拵えていた。カメラを抱えた男たちがいた。だが、そんなことはどうでもいい。彼らは私とはまったく無関係に生き、そして死んでいくだろうという考えが、突然に私の内側で巻き起こってきた。私の出会った人たちは、私の前をただ通り過ぎてゆくだけで、私を離れて年老いてゆき、世界のどこか片隅でものいわず滅びてゆくだろう。だが私の生にしたところで、私から離れて、勝手に向こう側へと行ってしまうだろう。それでいいのだと、私は散歩をしている間に納得し始めた。冬になって生活が落ち着き、私はまったく別人になったような気がした。私は自分の部屋の窓の外側で起きる出来ごとにすっかり無関心となり、友人と話していても退屈しか感じないようになっていった。祝祭は私を、狭い個別性の呪縛から解放してくれるだろうか。だがたとえ未開人の集落にフィールドワークに出かけたところで、私が感じている疎外感に終止符が打たれることはないだろう。私は夢想の重なりあいのなかで発酵を続けてゆくかのようだ。

ルソーの『孤独な散歩者の夢想』は私に大きな共感を与えてくれる。読んでいるうちに、自分があのルソーに属しているような気がしてきた。そこには「生きてしまった」後の人間がみごとに存在して語っているような気がした。私にとっても何かが確実に終わってしまった。いや、正確にいうと、私は終わってしまっていたことに、ようやく後になって気づいたのだ。もう私は以前のようには語らないだろう。以前のようには考えないだろう。とはいえ私は以前と同じように死ぬべき運命の下にあるだろう。

26

中心は喪失した。ニーチェの「神の死」の後、意味の超越性を保証する何ものも消えうせてしまった。ユングはニーチェをどこまで深く読んでいたのか。軽く通過してしまっただけではないのか。

ニーチェは書く。「私は人間たちのあいだを歩いているが、まるで人間たちの断片とバラバラになった手足のあいだを歩いているような気がする。私がそこに見出すのは、人間が寸断されていて、それが屠殺場そのままに一面に散らばっている光景だ。私の眼はそれに脅える。」

27

磯崎新。人間のノーマルな知覚の対象となる三次元的な実体の空間を軸とすれば、一方の極に「闇」のイメージにつらなる深層心理学的、魔術的、象徴的な空間の系列があり、他の極に「虚」のイメージにつらなる記号的、抽象的、多次元的な空間の系列がある。実体substanceをもち、それ自体として充溢した濃度をもつ闇の空間。そして悪天候の夜間飛行のさいのパイロットの前に出現する、記号の差異のみによって認識される虚の空間。このふたつの空間は背中合わせになっているといえるか。

28

バルトによるミシュレ[*14]は、驚くべくユングやバシュラールに似ている。ミシュレの想像力のなかで民衆とは、下方に熱を持ち、絶対的に正当である。民衆は心理学の次元で、集合的無意識に重ね合わされて考えられている。魔女たちは民衆の偉大なる叡智であり、絶対の善を体現している。それは無意識から蘇ってくる女性的形象であり、原型である。またミシュレは人間精神の二面性、アニマのそれとアニムスのそれを語る。「歴史」histoireという語が女性形であることを、彼は嫌った。歴史は直線的な時間の意識であり、男性的なものだ。それに対しているのが、血のもつ円環的自然のリズムが導く、女性的なるものである。バタイユがミシュレの著作はひとつのcredoであると語ったとき、彼はミシュレにあるhomo religiusを正確に見抜いていた。

29

ボードレールは円環を嫌った。円環が完全なるものの象徴であるがゆえに。彼は円とは、どこまでいっても多角形にすぎないと喝破した。ここに近代人の意識の不幸を見るべきか。

だがこの警句は私の論文に取り入れることができないだろう。近代以降の複雑でアイロニカルな芸術作品の場合、分析心理学はともすれば空虚な一般論に陥ってしまいがちだ。ユングにおいて興味深いのは、いかなる形而上学も心理学の問題として思考しうるという彼の立場である。イメージがイデアを包括する。プラトンの『ティマイオス』における人間の球体としての生成と中世の錬金術、さらに精神分裂病の患者の症例研究を同列において眺めること。

30

『荘子』冒頭の逍遥遊篇は、さまざまな示唆に富んでいる。魚と鳥の目から眺められた、世界の神話的景観。地から見た天が青いなら、天から見た地も青いはずだという認識にある、イメージの美しさ。

斉物論篇における音楽の三分類。人籟（人間が奏でる音）。地籟（地上の岩や洞窟がたてる音）。天籟（天体の音楽。万物の形而上学的根源）。音楽とは波動であり、あるモノが存在していることの顕現である。

31

エリアーデの宇宙モデルへの疑問。

カオス／コスモスの図式において、カオスのもつ原初のディオニソス的な魔力を組織化し肯定にいたらしめることは、いかにして可能か。人間はコスモス（世界の秩序化）のみでは生きることができない。コスモスはカオスに限定づけられ包囲されることでしか、コスモスたりえない。だがこの問題を突き詰めてゆくと、ユングの個体化という概念の形成における弁証法の役割を批判することになってしまう。統合とは何か。なぜ統合されなければならないのか。曼荼羅の映像のもとに表象されるコスモスがカオスを否定し、すべてをより高次元へと上昇させてゆくとき、この一元論的思考から脱落してしまうものとは何か。つねに二元論を忘れてはならない。カオスとコスモスが対立しあって存在していること、いや対立するがゆえに互いの存在を許しあっていることを、頭に留めておかねばならない。曼荼羅が保護の円環であるなら、それは内部の存在が外部のカオスへと流出してしまうことを堰きとめ、同時にカオスの内部への侵入を予防する役割をもっている。さて世界の全体が曼荼羅となり、「自己」となることは、本当にありうるのか。

32

イエスはなぜみずから進んで悪に身を投じ、その結果生じる罪を背負おうとはしなかったのか。イエスが十字架の上で苦痛に喘いだことは、単に罰を受けたというだけに留まっている。あらかじめ定められている罰を背負うことは、罪のなかで未決定のまま留め置かれていたり、迷いに迷いを重ねたあげくに罰から逃れ続けることの苦しみと比べるならば、はるかに軽いものである。民衆はまだ体験せぬ罰の恐れに戦き、罪のなかに生きている。だがイエスは罪を生きることの苦悶を、はたしてどこまで知っているのか。彼は充分に無罪にして無垢でありすぎた。何という傲慢な救済者！

「もしこの地上に到来する神があるとすれば、その神は不穏当なこと以外は何もしないのではあるまいか。」

ニーチェ

33

W・パウリの認識論。ユングの共時性、同時性理論への言及。西欧文明の底を流れるプラトニズムと科学的思考の密接な関連。ケプラーによる天体運行の法則の発見の背後には、原型論的思考があったという事実。

科学が絶対的な真理や決定論的な真理であるという思い込みを、まず幻想と見なさなければならない。科学的思考とは、ある時代の数かぎりない外的要因、パラダイムによって影響され、理性を含む心理学的な心の全体性のなかで、イデアとして（原型として）まず認識されたものである。

ニーチェ。すべての解釈はある力による解釈にすぎない。

だとすれば科学的思考に対する精神分析がなされなければならない。[*15]

34

ウィリアム・ジェイムズの『プラグマティズム』。

「真理」と呼ばれているものとは何か。もはや神から真理が直接に降下し、恩寵として人間に与えられることがない時代にあって、真理をどう定義するべきか。真理とは人間の行動にとって有効かどうかをもって判断測定されるべきである。

真理は本質的に保守的であり、新たなる真理に対し深い憎悪を抱く。こうして真理の貴族的な唯一性という、演繹的合理論者の好む神話が生じる。ジェイムズが提唱するのは真理の複数性にほかならない。その場その場に応じて有効に機能する、触媒のようなものとしての真理。ではこの認識は、ニーチェの説く「力の意志」や、現代物理学の相補性といった原理的選択とどう関連するかを、探求しなければならない。

35

蜜蜂のマリア。花弁の奥深くに眠る中心のイメージ。モローの垂直な花芯の女王。見開かれた恐ろしい両眼。閉じられてはまた開かれる書物。書物の頁という頁が、薔薇の花弁となる。花に喩えられた書物。植物の性器のなかに眠る、永遠に出産を繰り返す女王。未来永劫にわたって膨らんだ腹部。書物の中心への探求を行うのは、蜜を採集にくる働き蜂である。

36

衣笠貞之助の『十字路』では、貧しさに苦しむ姉弟が破滅する。弟は発狂し、姉は十字路に立ち尽くす。『狂った一頁』では、脳病院のなかの老人とその狂った妻。いずれの作品においても興味深いのは、物語の展開である以上に、画面に頻繁に登場する円と球の図像である。

『十字路』では、弟が矢場の女に恋慕して苦悶する場面で、矢の標的、水瓶、転がってゆく無数の球。弟の脳裏での混乱した意識が象徴されている。円はいずれも回転し、その正体を見極めることができないうちに他の円と重なり合い連鎖してゆく。眩暈の体験。やがて弟は世界全体が回転しだしたことを知り、重心を失って転倒、発狂する。彼みずからが回転する球体と化してしまう。姉もまた失神し床に倒れる。そこには無数の提灯が並べられている。畳まれた提灯は円形の眼に似ており、そのなかで姉は十手をもった捕手から逃げ惑う。思いがけない殺人。回転する円球が人を眩暈へ、また狂気へと導いてゆくのだ。

『狂った一頁』のもつ視線の複数性についても考慮しなければならない。狂った妻の目から眺められた世界の実相。マジックミラーに映る模像のように、それは歪み、撓み、不安定な像を結ぶ。踊っている狂女。その踊りは患者の日常の服装であり、同時に東南アジアの舞踏家の神秘的な衣装でもある。狂った意識はみずからに華麗なる異装を与える。三人の狂人がそれぞれに彼女の舞踏を眺める。フォークナーの『響きと怒り』の冒頭の白痴の長々とした独白への連想。

37

レオナルド。
小さな回転模型の記憶が蘇る。
欲望の芽。二六歳のレオナルドを想像せよ。
霧のなかの笑い。

38

駒場の図書館にパウル・クレーの『造形思考』を借りに行く。

クレーは彼岸に憧れながらも、そこから来たりくるものをどこまでも論理的に解釈し、formeとして位置づける力をもっていた。彼の作品の変遷。自己再生の契機としての円環。北アフリカへの旅行が転機となった。一九一四年から一五年にかけての日記に見られる形而上学的記述をより丹念に読むこと。

39

ニーチェとユング。

ユングにとってツァラトゥストラはhybrisの魔に取り憑かれた病的な人格に思われる。ツァラトゥストラはニーチェの影であり、ニーチェはこの原型に引きずり回されて破滅したのだと。意識が無意識を抑圧し続けたため、その反動として補償作用が働いた。無意識が津波のようにせりあがり、ニーチェの意識を前面から襲った。ニーチェはそれに正当な意味を与え心的な均衡を保つことができずに、悲劇が生じた。

だがここまでニーチェの遺したテクストを、彼の生に還元してしまっていいのだろうかという疑問が生じる。「ニーチェには始原であるシニフィエは存在していない」(フーコー)。ユングの認識論批判を思い出してみる。形而上学の観念はなべてそれを思考する者の心的現象であり、つまりは心理学の問題として思考しうる。意識によるすべての概念は無意識の表象である。この立場に立つと、ニーチェの哲学はニーチェの内的発展に基づき、彼の生に帰着する。ここにはすべての言説を心的次元の投影として考える二元論がある。

プラトンの正統の弟子としてのユング。

だがニーチェはプラトニズムの転倒を目指し、キリスト教のただ一人の神に死を宣告する。もはや人間が模倣すべきイデアは消滅し、人間は imago dei であることをやめる。では神の死の後に根こそぎにされ、分断された人間はどうすればいいのか。喪失した統一性と超越性を取り戻すことは可能なのか。失われた共同体へのノスタルジア。人間が誰も個人でしかなく、互いに疎外しあい、不安のうちに未決定であるという危機。

中世の形而上学の言説は、ユングによって心理学として蘇る。かくして神亡き後に人間の統一性を回復せんとする試みが始まる。

しかしユングはニーチェをどこで乗り越えたというのか。ユングは無意識を実体化し、それをruminousと考えるあまり、新たなる超越者を構築してしまったのではないか。私には彼が神が存在していた時代に回帰し、ニーチェの問いを蔑ろにしてしまった印象がある。フロイトはどうだろうか。彼はかつてユングに向かって、自分はニーチェを一頁たりとも読んだことがないと語ったが、この両者の間に横たわる神話破壊への情熱と認識論的親近性について機会を見て検討しなければならない。

40

象徴が独自で存在する。植物の花と根の垂直的関係。そこでは差異よりも相同性、同一性と吸収が求められる。

記号は単独では存在しない。他の記号の存在がまず前提である。記号どうしは互いに他者との差異によって弁別され、みずからの領域を明確にする。というよりむしろ記号が差異と差異の間の境界であると考えるべきか。記号は同じタブローに置かれ、水平的関係を生きる。

観点をかえるならば、象徴は範列的であり、記号は統辞的である。

41

ヘラクレイトスの遊び。

世界の表面だけを無垢のまま見つめること。

彼は政治を司ることよりも、寺院の階段のところで子供たちと戯れていることを好んだ。

世界は彼にとって、始まりも終わりもなく、つねに休みなく生成し続けている。

42

善とともに悪をも肯定しなければならない。悪をあるがままの形で肯定すること。すべての様態を世界の戯れと見なすことを行わなければならない。古代人にとっては最高に悲愴なものでさえ美的遊戯でしかなかったと、ゲーテはいう。存在と世界が現象することがそもそも美的なことであるからだ。

第七章

駒場に戻る

一九七六年四月、わたしは二年間の空隙の後に、ふたたび駒場に戻ってきた。大学院で比較文学を勉強するのがその目的だった。簡単にいうと八本の比較、正式に記すと東京大学人文系大学院比較文化比較文学専攻の修士課程に進学したのである。

駒場に戻ることはもとより予定の行動であった。本郷の宗教学の研究室にいた同級生たちは、てっきりわたしもまた彼らの約半数と同様に宗教学の大学院に進むものだと思っていたようだが、一人わたしだけは踵を返して古巣に戻ったのである。わたしが講義を受けることになったのは、第八本館、つまり東大紛争のさなかに新左翼の学生たちがもっとも頑強に抵抗を続けた建物の三階であった。これはわたしにはうれしいことだった。というのもこの建物の二階にある教養学科の図書室を、わたしは本郷の学生であったときから愛用していたからである。もっともそれには誰か教員の推薦が必要で、ときに便の悪いことがないわけでもなかった。これからは誰憚ることなく毎日思うがままにここの蔵書を借り出すことができるかと思うと、わたしの心は躍った。本郷と比べて比較にならないほどに明るい駒場の陽光のなかで、わたしは解放感を満喫した。

わたしといっしょに同じ研究室に進学した学生は九人いた。その半分は同じ駒場の教養学科を出たばかりの女子大生で、わたしのように本郷から移ってきた者と他の大学から来た者が残りの半分だった。教養学科出身者のなかには、もう最初から二年後に提出する修士論文の課題を、つい先ほど提出したばかりの卒業論文の延長上に計画している者もいたようだった。だが宗教学科という前例のない出自をもつわたしのような学生は、新しい場所に来たまではよかったが、ここで具体的に何を専攻として選べばよいのかという問題をめぐって、まだ何も考えていなかった。漠然と外国の文学について研究をしてみたいという気持ちはあっても、比較文学という学問に関して、その歴史と方法論に関してほとんど何の知識ももっていなかった。

比較文学は二〇世紀の前半に唱えられた、きわめて新しい学問分野である。すでに「国」文学や英文学、仏文学、独文学といった、語学で縦割りとなった研究室を帝国大学時代から誇ってきた本郷では、まず主張することを許されないジャンルだった。複数の言語と社会に跨る文学や芸術を比較し、その影響関係を調べたり、類似と差異を分析すること。文化人類学や科学史と並んで、こうした新しい学問ジャンルのために講座を設けたのは、戦後の新体制のなかで教養学部に設置することが許された駒場においてでしかなかった。とはいえわたしが進学した時点では、比較文学の大学院は独自の人事権をもっていなかったようで、教授陣の大半は教養学部で語学を担当している者が兼任し、ごく一部を除いては三年ほどで交替するという場合がほとんどであった。

教師のなかには「比較文学」という名称自体に抵抗を感じている向きもあった。学科の説明会の席でわざわざ自嘲的な発言をし、新入生たちを当惑させる者もいた。その人物によると、比較文学とは天麩羅蕎麦のようなものであり、別々のところで調理した天麩羅と蕎麦を最後に同じ丼のなかで重ね合わせると論文が一丁上がりとなるとのことだった。まあそんなものかもしれないな、とわたしはその話を聞いていた。ただ一見寄せ集められただけという感じの教師たちの間にも、微妙な対立が横たわっていることだけは感じ取ることができた。

説明会が終わると新入生がまずしなければならないのは、論文の指導教授を決めることである。わたしは躊躇うことなく、佐伯彰一教授にそれを依頼した。別段にアメリカ文学を中心に比較研究をしたかったからではない。わたしは佐伯彰一という名前に、高校時代から親しいものを感じていた。彼はフィリップ・ロスの青春小説の翻訳者であるとともに、わたしが愛読してやまない三島由紀夫に信頼されていた批評家であった。外国文学を専門としながら、日本の現代文学をリベラルに批評するという彼のあり方は、比較文学という領域にあって最大公約数的な拡がりを体現しているように、わたしには思われた。

佐伯さんのゼミには留学生を含めて、数多くの学生が詰めかけていた。彼は謡曲のテクストを配布し、神話と演劇、文学の関係について講義をしたり、ヤン・コットの演劇論集を英文で購読したりした。宗教学の時代にエリアーデからノースロップ・フライまで、神話批評に近い理論を齧っていたわたしには、それはまったく抵抗感なく理解できた。しばらくゼミに参加しているうちに、佐伯さんが日本の神道に大きな可能性を見ていることが少しずつわかってきた。わたしはそれに喚起され、折口信夫の『死者の書』と石川淳の『荒魂』についてレポートを提出した。こうして日本の民俗学的想像力に基盤を置いた文学作品から分析を開始することが、きわめて自然だったのである。佐伯さんは、どうもきみは石川淳の手の内で転がされてしまっているようだねと苦笑しながらも、わたしの書いたものを面白がってくれた。そこで翌年には「文学の主題としての通過儀礼の研究」と副題して、『神道集』の「諏訪神社縁起」に語られている甲賀三郎の蛇身変身譚について、三〇枚ほどのレポートを提出した。

このレポートに取りかかっている時点で、わたしのなかに空想旅行という主題が少しずつ形をとるようになってきた。現実にはない架空の旅行記をいくつかサンプルとして取り上げ、人間の空間的移動とエクリチュールの関係について類型学を樹立することはできないだろうか。それにはどのような方法論がもっとも適当だろうか。大学院の最初の年の秋に、わたしはそうした腹案をもって佐伯さんのところに相談にいった。彼はわたしの性急な口調を宥め、徒に抽象的な方法論に拘泥するよりも、むしろテクストを実直に読むことから始めた方がいいと助言してくれた。それから修士論文の時点では類型学などという大掛かりなことを狙う前に何か一つの作品の構造を細かく見極めたうえで、それと比較できるものを探した方がうまく論文として纏まるだろうと語った。まさにその通りだった。それから三〇年以上の歳月が流れ、わたしもまた学生の修士論文や博士論文を指導することを要請されることになったが、そのたびに痛感するのは、まず彼らが方法論をめぐって抱いている焦燥をひとまず落ち着かせ、具体的なテクストに関心を向けさせることの重要性である。

佐伯彰一は、わたしが学部時代にゼミに参加し強烈な影響を受けた由良君美とは違い、けっして声を荒立てることなく、教室においてもつねに理論的な寛容さを説いた人物だった。彼はマルクス主義の背後にあるロマン主義に対して明確に距離をとっており、もう怨恨の心理学から世界と文学を一元的に裁断することは終わりにしようという姿勢をとっていた。

もしわたしが佐伯さんに失望を抱いたとすれば、それは彼が授業中に一度も三島由紀夫について言及しなかったことである。わたしは『評伝三島由紀夫』の著者にそれを期待していたのだが、おそらく彼は親交のあったこの文学者について別に深く考えるところがあったのだろう。無理もない。三島が市ヶ谷の自衛隊駐屯地で割腹自殺をとげてから、まだ六年の時間しか経過していなかったのだ。もっとも三島への言及を避けるというのは、一九七〇年代の大学研究室では一般的な傾向だったようである。わたしの世代の学生は、バタイユのエロティシズム論やバルトの快楽論についてしばしば饒舌に語り合うことがあったが、そうした文脈に『金閣寺』や『豊饒の海』の作者が登場することは絶えてなかった。三島は何か触れてはいけない凶々しいものとして、暗黙のうちに忌避されていたのである。

これはずっと後になってからのことだが、三島由紀夫が自殺して一五年目の一九八五年、わたしは中上健次と彼について対談をした。当時わたしたちはインドの古代叙事詩に夢中になっていて、アジアの王権論にあって千年の時間的規模からすればあの割腹事件などスキャンダルでも何でもないといった、ひどく調子の高い話を挑発的にした記憶がある。万事において温厚な佐伯さんはそれに対して、まったく理解できませんでしたと、いささか呆れ返った口調の葉書をくれた。

南原實教授のゼミは、佐伯さんのそれとはまったく異なっていた。「無の様々なアスペクト」とか「革命と霊験」と題されたこのゼミは、誰もが気軽に覗きこむという感じではなく、文字通りinitiates、つまり秘儀を伝授された者だけが集うことのできるような雰囲気に満ちていた。

南原さんは痩せて小柄な人だった。徒に威厳を振り回すわけでもなく、つねに微笑を顔に浮かべながら声低く語るこの人物を間近に見ていると、もし現在の世に寒山や拾得が顕現したとすればおそらくこの人のような姿をとるのではないかと、自然と思われてくるのだった。もしこちらが生半可なことを口にすれば、たちどころにキャッキャと笑いながらどこか遠くの方に姿を消してしまうかもしれないといった不思議な人という感じがしたのである。事実、南原さんは山が好きで、長野の山荘からリュックサックを背負いながら、山男の格好をして直接大学に講義に来ることもあった。おそらく彼を大学教授だと思う人は、学外には誰もいなかったのではないだろうか。かつてルーマニアの山奥を旅していたとき、魔女と契約を結んだというまことしやかな伝説が、ゼミ生の間には伝えられていた。

南原ゼミはつねに五人か六人、それ以上に人数が増えることはなかった。ノヴァーリスを研究している中井章子。グノーシス専攻の岡部雄三。イギリスの神秘主義の青木由紀子。ポーランド文学の関口時正。わたしの記憶のなかでは、彼らはつねに親衛隊として南原教授を取り囲み、ただひたすら彼のゼミに出席するために駒場に通っていて、その姿を他の教授たちのゼミで見かけることはなかった。

わたしがこの秘教的なゼミの末席を汚すことになったのには、二つの原因があった。一つは大学に入る直前のことであったが、『パイデイア』という雑誌に南原さんが発表したヤコブ・ベーメ論に、魂を慄けさせられるような衝撃を受けたことである。一六世紀後半にドイツの田舎町に生を享けたベーメは、家業の靴屋を営みながら、独自の神秘体験に基づいて宇宙の根源と意志の自由について著述を続けた。彼はルター派からは異端として迫害されたが、ヘーゲルからは「ドイツで最初の哲学者」であると賞賛され、後世のロマン主義者に大きな影響を与えた。わたしは南原論文を通してこのベーメを知り、その後に由良君美からベーメとブレイクの抜き差しがたい関係を教えられた。そこで直接に論文の著者のもとで、神秘主義について勉強をしたいと思っていたのである。もう一つは、宗教学科で卒業論文を執筆したさいに大きな源泉となったパウル・クレーの日記を、他ならぬ南原さんが翻訳していたことである。おそらくこの訳者であるなら、ユングの聖書解釈やニーチェとの関係のことでわたしが思い悩んでいるさまざまな問いに、ある回答を教示してくれるのではないかという期待があった。

ゼミは最初のうち、南原さんが刊行を予定しているベーメ論のノオトの素読から開始された。大学時代にドイツ語を専攻していなかったわたしには、最初のうちは言葉が耳慣れず面食らったが、それでも「無」から「欲の七段の梯子」「ルシファーの反逆」「第三の創造」といった具合にベーメの神秘体験の体系が解き明かされていくにつれて、そこで展開されてゆくイメジャリーの美しさに深く魅惑されることになった。南原さんはときおりベーメを離れて、久松真一の『東洋的無』やプラトンの『ティマイオス』に言及したり、ドイツ留学時代の師であるエルンスト・ベンツ教授のシェリング講演にゼミ生を連れて行ったりした。ユングと久松の対話を、わたしは興味深く読んだ。人間は集合的無意識の存在に思いを寄せなければならないと説いたユングに対し、久松はむしろ必要なのはその集合的無意識からも人間が解放されることだという答えをもって応じたのである。

翌年になるとゼミ生はそれぞれ主題を選んで発表をすることになった。といってももとより人数が少ないため、一人が何回も当番しなければいけない。わたしはクエーカー教の創始者であるジョージ・フォックス、鈴木大拙の翻訳したスウェーデンボルグの天界論、さらにユングの『ヨブ記』解釈について発表した記憶がある。南原さんは学生たちの発表に耳を傾け、最後に二言三言註釈を加えた。ユングの聖書理解の限界についても、わたしが発表した元のテクストのことはどうやら熟知しているところがあって、端的にして本質的な批判をした。わたしは修士論文に集中するため、この時点でゼミから離れることにした。だがゼミは翌年も継続され、ますます秘教化の度合いを深めているように感じられた。

その後に紆余曲折を経て映画研究家となってしまったわたしは、おそらく南原ゼミの学生のなかでもっとも逸脱の極にある参加者であったはずである。ずっと後になってノヴァーリスの「ザイスの学徒」というメルヒェンを読んだわたしは、そこに描かれている自然の書物を読み解く学塾の雰囲気こそ、まさに自分が体験した南原ゼミのそれにぴったりであると思い当たることになった。

阿部良雄教授のゼミは、ブルトンの「シュルレアリスム第二宣言」を読むことから開始された。阿部さんにはすでに学部のときにフランス語を習っていた。テクストのなかにいかなる曖昧さも残してはならないという厳密さにおいて一点の容赦もない人だという印象があったが、大学院ではその度合いが輪をかけて厳しくなり、ほとんど毎回、訳読者と教師がそれぞれの背後にある全文学観をかけて対決するといった雰囲気のゼミが開催されていた。

わたしが閉口したのはまずブルトンの文章の難しさだった。宗教学科時代に必要があって読んだ亡命者エリアーデのフランス語とは、格段に違っていた。挿入がやたらと多く、ラテン語やらヘブライ語やらが、まるで言語のモザイクのように文章が進行してゆく。これはかなわないと観念してこっそりと翻訳を覗いてみたが、生田耕作の訳はあちこちに間違いがあり、おまけに不明な点は平然と飛ばしてあったりして、とうてい頼ることはできないと判明した。

あるときブルトンの原文に、だしぬけに「マラナ・タ」という正体不明の言葉が出現したことがあった。担当の訳読者はもとより、阿部さんも見当がつかず、ゼミはそこで文字どおり膠着状態に陥ってしまった。もちろんわたしにもその意味はわからなかった。だが当時愛読していた森内俊雄の小説に『マラナ・タ終篇』という表題のものがあることを思い出し、これは聖書に出典があると睨んで、図書館でカトリック大辞典を調べてみた。疑問は氷解した。書物を読むというのは大変な作業だなと、わたしは思わず溜息をついた。しかし教室での阿部良雄の、ほとんど修道士のような奮闘ぶりを目の当たりにしていると、けっして楽をしていては研究論文など書けるわけがないと、改めて覚悟を決めるしかなかった。

ブルトンの訳読は一年をかけてもいくらも進まなかった。テクストが難しかったといえばそれまでであるが、それとは別に阿部さんが次々と外部から人を呼んできては、両大戦間の日本の詩的言語についての講演を依頼するためでもあった。あるときは詩人の澁澤孝輔が来て、蒲原有明による象徴詩翻訳と推敲について話した。別のあるときには神戸から中野嘉一が招かれて、モダニズムの受容について論じた。思うにそれは、単にフランス文学の訳読に終わらない、比較文学のゼミを実現させなければならないという、阿部さんの誠実な意志の表われであったように思われる。

わたしはあるとき、彼が若き日に一冊の詩集を上梓したことがあるという噂を耳にした。それはけっして評判の悪いものではなかったが、にもかかわらずボードレールの研究に全精力を注ぐために、彼はみずから詩作の道を断ち切ったという伝説が流布していた。わたしは自分が一八歳までは、見よう見まねで詩作を続けていたものの、その後はいくら努力しても書けなくなったことを思い出した。阿部良雄は違う。彼は才能の枯渇からではなく、みずから意志してそれを断念したのだ。そう思うと、彼の存在がますます畏怖すべきものに感じられてくるのだった。
あるとき阿部さんはゼミが終わろうとするとき、「誰かボリス・ヴィアンを好きな人はいますか?」と唐突にいった。わたしが手をあげると、彼はわたしを自分の研究室まで連れて行って、「実は『ユリイカ』がヴィアンの特集号を企画していて、誰か若い人の書き手を探しているのだが、きみは書く気はありませんか」といった。こうしてわたしは、以後二〇年以上にわたる『ユリイカ』への寄稿を開始することになった。

比較文学の大学院は、本郷の仏文や英文と違って専攻の範囲がきわめて広範囲であり、たとえ同じ教室で机を並べていても、隣の学生と自分がまったく違うジャンルの書物に夢中になっていたり、こちらが予想もつかない語学を取得中だったりすることがいくらでもあった。たとえばいかにも比較文学の定番メニューのように、ボードレールによるポーの翻訳を論じる学生がいたかと思えば、ポーランドからアルゼンチンへ渡った異端小説家の反ナショナリズムを分析する学生がいた。ヴァレリーと建築について論じる学生もいれば、上田秋成の『雨月物語』と朝鮮民話の関係を調べる学生もいた。マラルメ、能の音楽、小林秀雄とレヴィ＝ストロースの比較……とにかく本郷の文学部の大学院ではまず相手にされないこと疑いなしといった主題が修士論文の課題として選ばれ、毎年六月に開催される中間発表会の場で披露されるのだった。大学院の年中行事ともいえるこの発表会は、一観客として眺めていてもきわめて興味深い催しだった。いかにも抽象的な理論を世界最先端のものとして延々と述べる者もいれば、理論的前提をまったく無視して、自分が発見した無名のテクストの意義を語る者もいた。学生たちの発表に対する教授側の反応も面白かった。自分がまったく不案内な分野に学生が赴こうとするのを、なんとか軌道修正しようと懸命な教師もいれば、初めから匙を投げている教師もいて、千差万別といえた。発表会では学生が恐るおそる論文の構想を述べ、後は神妙に黙っているというのが慣例だった。ただ一人だけ例外がいた。ポーランド文学を専攻している関口時正だけは、他人の発表に質問をしたり、ずけずけと意見をいった。彼には旧制高校のバンカラ学生が突然に転生してきたようなところがあって、教師たちも着物姿の関口だけは別格と、初めから認めているようなところがあった。もっともこの発表会を面白がって眺めていたのは、どうやらわたし一人ではなかったようである。わたしより数年遅れて同じ修士課程に進み、数理論理学を専攻した三浦俊彦が、『エクリチュール元年』という喜劇小説のなかで、この発表会の荒唐無稽なパロディを描いている。

大学院の同級生たちはというと、教養学科からそれが当然のことであるかのようにそのまま進学してきた女子大生たちは、それなりに語学こそ出来たものの話していても張り合いがなく、個性的な輝きをほとんど感じられなかった。わたしは彼女たちに異性を感じなかったばかりか、自分が抱え込んでいる学問的主題をめぐって立ち入った知的な会話を交わすことなどまず期待できそうにないなと、しばらくして諦めるようになった。彼女たちのなかには、優秀な官僚と見合い結婚することを前提に、大学卒業後の猶予期間をしばらくこの研究室で箔付けのために過ごすといった者も見られた。一人が厚生省と結婚すると、後は連鎖反応的に外務省や文部省が続いた。わたしはこうした人種にもとより何の関心もなかったが、四〇歳代になったころ、そのなかの一人から突然白昼に電話を受けることになった。大学院時代にはほとんど口も利いたことがなく、真面目一方で通っていた感のある女性だった。彼女はどうやらひどく酔っているらしく、今から出てこないかと、しきりとわたしを誘った。わたしは事情が呑みこめないままに電話を切ったが、高学歴の中年女性が昼間から一人でアルコールを嗜んでいる光景を想像してみると、その生活の荒涼さには立ち入るべきではないと直感的に判断した。

もっとも授業が進んでゆくうちに、わたしにもそれとなく親しみを感じる学生が何人かできるようになった。一人は平野共余子といい、映画における音声の研究を論文の主題に選んでいた。彼女はわたしも顔負けするほどに恐るべきシネフィルで、フィルムセンターはもとより、都内のほとんどの名画座におけるその月の上映予定を把握しており、せっせとそれに通っていた。それどころか当時日活が制作していたロマンポルノの大ファンで、よく女友だちを組織しては、牛込文化劇場とか明大前正栄館といった日活専門館に出かけてゆくのだった。「わたしは生まれてこの方、色のついていないお水は飲んだことがない」とか、「ローストビーフ以外のサンドウィッチは食べたことがない」とか、突然にいい出して仲間うちを当惑させるところがあった。その奇矯なコケットリーゆえに、彼女は不思議と好感をもたれていた。

あるとき駒場の構内をわたしと彼女が歩いていると、向こうから研究室の助手が走ってきて、突然だけれどベオグラードに留学する気はないかと尋ねた。ユーゴスラビアが今年から官費で留学生を募集することになったのだが、宣伝が行き届かないこともあって期日になってもほとんど応募者がなく、明日までに履歴書を揃えれば例外なしに彼の地に行けるというのである。

わたしが躊躇していると、かたわらにいた平野は「もちろん行きます！」と答え、あっという間にベオグラードに行ってしまった。しばらくして東京のわたしのもとにドナウ河に聳える城壁を描いた絵葉書が到来し、ドゥシャン・マカベイエフという、途方もなく面白い監督を発見したと記されていた。あのときは家を離れるためならどこでもよかったのよと、後になって彼女は答えた。彼女はやがて戦後にGHQが日本映画に行った検閲について、『天皇と接吻』という優れた研究書を上梓した。

わたしが関心をもったもう一人の同級生は彌永徒史子といって、ノルウェー語を勉強し、ムンクを中心とした北方の美術を専攻している、長い髪の女子学生だった。わたしが知っているかぎり、彼女は大学院でもっとも優秀な学生だった。由良君美のゼミでは誰よりも明晰な発音で英語を読み、神経の行き届いた訳読を行った。かと思うと芳賀徹教授のゼミでは、北斎と石燕を比較するみごとな発表をした。それがあまりに優れていたためか、彼女が東京外国語大学に卒業論文として提出したルドン論が改稿されて、大学院の紀要雑誌に掲載されることになった。これはわたしを含めて、彼女の同級生たちを大いに嫉妬させた。

彌永とわたしはいつしか気さくに話しあうようになった。彼女はわたしと同い年で、都立青山高校を出ていることがわかった。わたしたちは高校三年生の秋に鎌倉の近代美術館で開かれたムンク展を、日にちこそ違え同じときに見ていて、強い印象を受けていた。自分にとってものごとを考える決定的な体験となったのはあのときのムンク展の衝撃と、その一年前に高校で起きたバリケード闘争だったと、彼女は語った。それからふっと口を噤んだ。わたしは一九六九年の夏から秋にかけて、都立青山高校でいかに熾烈な学園闘争が行われていたかを、当時から聞かされていた。だがそれが具体的にどのような体験であったのかを語るには、彼女はあまりにも記憶が生々しすぎたのだろう。話はそれで途切れてしまった。しばらく前まで定時制高校で教えていたのだが、大学院に集中するために勤めは止めたと、彼女は語った。

彌永徒史子は結局わたしより一年遅れて修士号を取り、多摩美術大学をはじめとするいくつかの大学で英語の非常勤講師の職を見つけた。試験の答案用紙を色鉛筆で塗りつぶすようにと学生にいったところ、これが思いのほか採点が面倒でひどく難渋したと、笑いながらいっていた。だがわたしの彌永の思い出はここまでである。彼女はその後脳腫瘍を患い、三二歳で現世と別れを告げることになってしまったからだ。大久保の路地を入ったところに彼女の家はあった。通夜に赴いたわたしは、母親から思いがけないことを教えられた。死の直前に彼女はふっと記憶を取り戻し、「今から四方田君のところへ行って、論戦をするのよ」と口にしたという。あの心優しい徒史子が「論戦」などという怖い言葉を口にするなんてと、母親は涙ながらに語った。

しかしそれは事実で、わたしたちはよく「論戦」をしていたのである。ゼミが終わると喫茶店でコーヒー一杯だけを注文し、二時間も三時間もいろいろなことについて語りあったことがあり、その記憶が彼女の薄れゆく意識に残っていたのだろう。

彌永徒史子はわたしの大学院時代を通して、ある悲痛さのもとに記憶されている。もし彼女がまだ生きていたとしたら、お互いに一九六九年の秋にどのような体験をしたかを、落ち着いて話し合うことができただろう。わたしは『ハイスクール1968』を執筆するまで自分のバリケード事件の顛末について外部の誰にも話すことがなかったが、彌永とだけはその話をしていたかもしれなかった。だが一九七〇年代の中ごろにそれを口にすることは、お互いにとうていできない相談だった。そして現在それがかなわないことが、かぎりなく残念に思われる。

わたしはその後、彌永のことは長らく忘れていた。それが突然に間歇泉のように思い出されたのは、彼女の死から一〇年ほどが経過し、初めてナポリを訪れてヴォメロの丘の上に立ったときである。高所からは前景に果樹園、遠景に美しい海と火山とが見渡せた。そのときわたしは突然、彌永徒史子は生きてこの風景を見ることができなかったのだという強い気持ちに襲われ、気がつかぬままに涙を流していた。わたしがあるときから、自分が心を許す女とは死んでしまった女であると信じるにいたったのには、この彌永との交際が大きな影を投げかけている。

大学院で指導を受けた教師たちについて述べた下りで、わたしが故意に由良君美の名を挙げておかなかったのには、理由がないわけではない。本書に先立って刊行した『先生とわたし』のなかで、この悪魔的な師匠とわたしとの物語については微細にいたるまで記述したので、重複を避けたかったのである。

由良さんは、わたしが修士課程に入って二年目に大学院に廻ってきた。彼はそれに先立って八王子のセミナーハウスで開催された講演の席で、欧米のマルクス主義批評の現在について見取り図的な話をし、およそこうした硬質な文学理論とは無縁のところにいた大学院生たちを驚かせた。同席していた教授たちのなかでも、『正論』のような右翼的総合雑誌の常連執筆陣は、これは大変なことになるのではと肝を潰した者がいたはずである。もっとも由良さんは授業ではロマン主義についての英語の基本文献を訳読し、それはきわめて正統的なゼミであるように思えた。だがひとたび自分の研究室に戻ると、歯に衣を着せぬ罵倒を同僚の某に向かって行い、学部時代と同様、わたしの前に次々と英書を積み上げては次までに読んでくるようにというのだった。そのうちわたしは多忙な彼に代わって音楽評論を代筆したり、小さな用事を片付けるようになった。

あるとき彼はわたしを吉祥寺の家に呼び、コリン・ウィルソンの『フロイト以降の心理学の新しい径』というゴランツの単行本を訳してみないかと提案した。きみのことだから修士論文など時間を遣り繰りすればなんとか書けるだろう。夏休みをひとつ潰せばこんな本、すぐに訳せるよ。彼はこともなげにそういうと、ただちに共訳の手続きを出版社としてしまった。おそらく佐伯さんや阿部さんだったら、修論提出前の海のものとも山のものともつかぬ学生に、こうした冒険的な提案などするはずがなく、むしろその時間と精力を修士論文に注入したまえと、常識的な助言をしたことだろう。だが由良君美には常識など存在していなかった。彼には情熱さえあれば人間は砂さえも焼き尽くすことができるという、激しいロマン主義的な確信だけがあった。わたしはそれを受けて立ち、一一五〇頁の原書を一日五頁ずつ律儀に翻訳して、ほぼ二ヶ月で作業を終えた。由良さんは上機嫌で、どうだい、もう一冊ユング論を翻訳してみないかといった。さすがにわたしもこのときは論文の準備で忙しくてと口を濁して、遠慮した。

由良さんの研究室には次々と不思議な人物が出入りしていた。別の大学から聴講に来た女子大生もいれば、画家や舞踏家もいた。なかでも異色だったのが、武田崇玄と伊藤裕夫という、二人の元ゼミ生だった。彼らは大学紛争のさなかにドイツ文化センターから表現主義映画を次々と借り出し、大学構内で堂々と上映して由良ゼミを活性化するという、恐るべき企画力と行動力をもっていた。武田は保険会社に、伊藤は広告会社に一応は就職したものの、異端文化に寄せる彼らの情熱はとうてい抑えられるものではなく、タロットから偽史、はてまた空飛ぶ円盤まで、洋の東西を問わず知の正統から排除され貶められてきた文化を掬い上げ、一九七〇年代のすっかり鎮静化した知的領野に転覆行為をもたらそうという強い意志を抱いていた。彼らが理論的支柱としたのは、ゼミの師匠であった由良君美ともう一人、劇作家の竹内健であった。由良はヨーロッパが近代にいたって追放した諸学をロマン主義の理性批判に結びつけ、幻想文学を礼賛するという路線のもとに、彼らを煽動した。竹内は平田篤胤に代表される異端神道の系譜を辿る論考を通して、「日本的狂気」という主題を彼らの前に提示した。

もっともこの二人の導師《グル》の高承な論議は別にして、そもそも時代がオカルト的なもの、非合理的なものへの関心に満ちていたことを、ここで語っておかなければなるまい。今日ではなかなか理解されにくいかもしれないが、一九七〇年代という時代は政治的昂揚の季節が終焉を遂げるとともに、理性による世界統合を疑い、その背後にある暗闇を覗きこもうとする力が大きく前景化した時代だったのである。柳田國男の民俗学の再検討からオカルト漫画の出現、「こっくりさん」の流行まで、人間の認識を超えた力の存在に耳を傾けようとする傾向が登場してきた。スプーン曲げの超能力少年がメディアで話題を呼び、口裂け女の都市伝説が日本中を駆け廻った。ハリウッドが『エクソシスト』や『オーメン』といった悪魔ものの映画を次々と製作すると、それに対応するかのように日本では『ノストラダムスの大予言』から『八つ墓村』まで、怪奇と魔術、呪術を題材としたフィルムが出現して話題を呼ぶことになった。これは私事にも関わっているが、わたしの世代がこれまでほとんど進学する者のいなかった宗教学科に大挙進学したのにも、こうした時代の雰囲気が影を落としていたはずである。わたしが円環象徴をめぐって卒業論文を執筆していたとき、同級生たちが取り上げた主題が悪魔信仰や錬金術、バタイユにおける供犠といったものであることにも、文化流行としてのオカルティズムの存在を窺うことができる。

一九七六年の夏、武田と伊藤は潰れかかった雑誌の権利を買い取ると、「本邦初の異端文化総合研究誌」と銘打って、『地球ロマン』という季刊誌の刊行を始めた。創刊号は「総特集・偽史倭人伝」と題され、日本人の出自をめぐる荒唐無稽な「学説」を次々と紹介していた。日本人がヘブライの失われた氏族の裔であるという伝承から、古代ヒッタイト族の東進した末裔であるという説、はたまた一五世紀にアジアの大帝国を建設した人物の零落した末裔が今日の日本人であるという説まで、妄想とも奇想ともつかない陳述が、ここぞとばかりに集められていた。二人の編集人は、キリストがゴルゴダの丘では処刑されず、密かに日本に渡って、東北の戸来《へらい》村で終焉を迎えたという伝承を確認するために、わざわざ現地にまで赴いて調査を行っていた。もっとも雑誌全体の姿勢は、こうした荒唐無稽を傍観者として冷笑するというのではなく、それらを生み出した日本近代の知的狂気の系譜を辿り、そこに何らかの類型学を打ち立てようとする真面目な情熱に裏打ちされていた。

わたしは武田に頼まれて、空飛ぶ円盤を特集するという第二号のために、ユングが最晩年に執筆した円盤論の一部を訳出し、それに短い解説を添えて渡した。卒業論文のさいにユングの象徴論を齧ったことの残滓のようなものだった。これが読者の間に評判がよかったというので、武田は今度は一九世紀末の神智学の周辺について特集を組むから、何か好きなことを書いてみないかとわたしにいい、フランスの神秘主義者であるルネ・ゲノンの書物などを何冊か貸してくれた。そこでわたしは、以前から愛読していたヘルマン・ラウシュニングやヴァン・デル・ポストなどに助けを借りながら、「ヒットラーと北方の神々」という八〇枚ほどの論考を書き上げた。またその補遺として、ナチス時代の奇想宇宙論に的を絞って、「総統は言った！　意志の科学を!!」という短い文章を執筆した。それらはいずれも『地球ロマン』の四号と六号に、高橋巖や竹内健、笠井叡、荒俣宏、有田忠郎といった人たちの原稿や翻訳とともに掲載された。一九七七年の春から夏にかけてのことである。

ナチズム、オカルティズム、シュルレアリスム、フーリエ主義、地球空洞論、秘密結社論……現在の映画史家としてのわたしからは考えられない主題の連続である。このときわたしを駆り立てていた情熱とは何だったのだろうか。それを考えてみるために、少し触りの部分を引用してみよう。

> オカルティズムは深さの神話をもつ。一枚のタブレットに刻み込まれた徴《しるし》、眼の前に差しだされた黒い鉱物、誰にも見すてられた孤児の石がいかなる意味内容《シニフィエ》を内に潜ませているか、この謎をめぐってオカルト的意識は活性化する。物質の本性は深いところに微睡《まどろ》んでおり、occultusというラテン語が示すように意味内容はつねに隠されている。俗な次元に住まい思考する者は、その聖なる知の顕現に出会うことも、事物の核心に到達することもなく生を終える。特殊な通過儀礼《イニシエーション》を体験し、魂の巡礼を良くなしえた者のみが、物の本質に触れ、隠された意味内容を読み取ることができるだろう。徴には表面と深さがあり、深さは大宇宙の高さへと接続する。万物の深みによく身を沈める錬金術師たちは、やがて憂愁《メランコリア》から解放され、必ずや天界の位階を昇り、神と等しい存在へと変身することで失われた世界全体との神秘的結合の至福を体験することになるだろう。小宇宙

の人間の、また物質の深みに本性が存在するように、大宇宙の高みには造物主《デミウルゴス》が鎮座していて、両者は万物照応の法則の下に、因果関係を離れて同時的に存在している。パラケルススはこの世界の二重性を「完全に類似していてどちらが相手に相似をもたらしたのかだれにも言うことができぬ」二人の双生児の姿になぞらえた。そして自然の事物の間にアナロジーを読み取った上での魔術的実践を、十世紀の宋の方士譚峭は「象符」と呼んだ(『化書』巻四第六)。

鷹の舞う輪は次第に中心から遠く離れ、理性の制御を越えた空間に突入する。万物は離散し、世界に不安の暗い影が落ちる。再来[*16]は遠い話ではない。姿を巧妙に隠しているにもかかわらず私たちが直視しなければならない怪物。眼はその時、失われた深さの意識を回復しなければならない。

恐ろしく音程の高い文章である。散文が本来携えているはずの伸びやかさというものを思いっきり刈り取り、衒学趣味で煮詰めたような言葉が並んでいる。グノーシス教から老荘思想、イエイツの神秘詩まで、およそ知っているかぎりの雑学を動員して、蓑虫が巣を築くように構成された文章だともいえる。

現在のわたしはファシズムに対してまったく異なった観念を抱いている。それは少数精鋭のメンバアによる結社の悪計などではなく、むしろかぎりなく凡庸なものとして全世界に蔓延し、われわれの深層心理を魅惑してやまない何物かであると考えている。その意味でここにわたしが描写してみせたファシズムの肖像とは、古典的、というよりアナクロニズムの極致の映像であるといえる。だがそれにも増して三〇年の歳月の間にわたしの内側で変化したのは、散文を書くさいの姿勢のあり方だろう。いつのころからか、わたしは自分の文体を意識して整えることに、ほとんど関心を失ってしまった。というより、どのように書いても、またどのような主題を選んだとしても、わたしは好むと好まざるとにかかわらず自分の文体から逃れることができないと知った以上、緊張した表情でそれに向かいあうことを止めることにしたのである。何か人とは違ったことを、人とは違ったスタイルの下に書こうという衒いが内面から消滅したとき、わたしはひどく身軽になったような気がした。個人の独創性とはつまるところ、その人物の体臭のようなものにすぎないのではないだろうか。こう考えて以来、わたしはできるかぎり平明に書くことだけを心がけるようになった。先に引用した文章を前にしたときにわたしが驚きを禁じえないのは、長い時間の間にわたしの内面において何物かが摩滅し、軽減していったことを、思いがけずも確認させられてしまったためである。

第八章

映画への情熱

さてわたしはここで、今日ではわたしの生業となった映画研究がいかに開始されたかについて、簡単に経緯を語っておかなければならない。記憶にはあまりに未整理の部分があり、今わたしには乱雑に纏められたスクラップブックの頁を捲るようにしか語れないかもしれないが、ともあれ三〇年ほど前に自分が夢中になって通り過ぎた数年の歳月について、何らかのことを記しておきたいと思う。

わたしは物心ついたときから映画を観ることが好きで、小学校の高学年ともなると放課後にこっそりと日活館に入ってアクション映画を観たり、幼いながらに「イッパシの不良」を気取っているところがあった。中学生ともなるとATG新宿文化に通い始め、フィルムを監督の名前のもとに観るという習慣を覚えた。高校から大学へ、映画への情熱はますます昂揚し、新宿から高田馬場、また大塚、上板橋と名画座を梯子して一日を潰すという日々が続いた。一九七〇年代初頭に京橋に国立近代美術館付属フィルムセンターが開館すると、わたしはそこで戦前に制作されたフィルムをしばしば観るようになった。小津安二郎を知ったのはそのときだったが、当時はなんだかひどく時間が鈍く進む、退屈なフィルムだという印象しかもたなかった。

アテネフランセ文化センターから日仏会館ホール、はたまた銀座の交詢社ホールで行われる自主上映会まで、わたしは細かに日程を組んで手帖に書き記すと、せっせと足を運んだ。こうしたことが可能だったのは、一九七二年に『ぴあ』というタウンマガジンが誕生したことが預かっている。現在は隔週刊のこの雑誌は創刊当時は月刊であり、まだひどく薄っぺらであった。わたしはこの雑誌の頁という頁に漂っている、親しみを押し付けてくるような雰囲気には馴染むことができなかったが、いつしかそれを鞄に忍ばせながら都内を漂流することを覚えた。今手元にあるメモを確認してみると、一九七〇年代を通して一年に大体三〇〇本から、多いときで五〇〇本のフィルムを観ていたことがわかる。本数に年によってバラつきがあるのは、おそらく親しい女友だちがいた時期にはそちらに感《かま》けて映画がいくぶんお座なりになっていたからだろう。この奇妙な照合を思い出してみると、我ながら苦笑しないわけにはいかない。

わたしはよほどの事情がないかぎり、原則として一人で映画館に足を運んだ。また一人で映画を観に来ている人たちが、休み時間にロビーで所在なさげにしているさまを眺めているのが好きだった。若い女性がたった一人で東映映画のオールナイト上映に来ているさまを見ると、なにやら高貴な感じがしてくるのだった。金曜日や土曜日の夜、慌しい夕食を終え（というのも満腹は眠気を誘い、映画の敵であるためである）、盛り場で陽気に騒ぐ人たちを尻目に深夜興業の劇場に入ると、そこで数時間を過ごす。すっかり明けきった空の下、寝静まった歓楽街を抜け、日曜の始発まもない私鉄で帰宅する。一九七〇年代を通してわたしは何回このような体験をしてきたことだろう。職業的な映画評論に身を染めるようになってからは試写会が中心となり、そのような時間と機会はわたしからは奪われてしまった。だが現在でもアテネフランセの薄暗い階段に並んで入場の順番を待ったり、きわめて特殊な上映につきあって終電車を逃してしまったりするたびに、わたしは自分の身振りが三〇年以上にわたっていささかも変わっていないことに気付き、呆然としてしまうことがある。おそらくわたしは死ぬまで映画館の前で行列をすることだろう。だが、かつてわたしの隣にいていっしょに並んでいた友人たちはどうなのだろうか。わたしが知っているのは、彼らの多くが学生時代を慌しく終えてしまうとそれきり映画館から遠ざかり、わたしの視界から消えてしまったという事実である。

この時期にわたしは、およそ日本で観られるかぎりのゴダールを観た。彼の作品は、一九六〇年代のものはひと通り日本でも公開されていた。だが五月革命のあたりで既成の映画作りを放棄し、真黒な画面が続くなかマルクス主義の演説が延々と述べられるといった時期のものに接近することは難しくなっていた。そのうちゴダール本人が行方を断ってしまうと、日本では彼の存在はたちどころに忘れ去られてしまった感があった。ゴダールの不在はジャン・ジュネの沈黙と並んで、一九七〇年代を通して時代の知的凋落の証しのように思われていた。あるときわたしは彼が『勝手にしやがれ』の第二部を監督したという信じがたい情報を知らされ、さっそく日仏学院に駆けつけた。この情報は正確ではなく、ゴダールはアンヌ＝マリ・ミエヴィルとの合作で単に『パート2』という題名のフィルムを撮っただけであったが、わたしは彼のみごとな変貌ぶりに驚いた。そこにはもはや声高いアジ演説も支離滅裂な字幕もなく、ただただある家族の現在が三世代にわたって語られているだけだったためである。ゴダールは彼らが置かれている性的状況と孤独とを、ドキュメンタリーの文体を通して描いていた。とりわけ彼は子供に関心を寄せ、二人の少年少女がふざけあったり、母親に向かって性的な質問を発するさまを丹念に見つめていた。母親が彼らを寝室に呼んで具体的な性交を見学させた上で、性器の機能と形態について教育を施す場面がそれに続いた。わたしは高校と大学を通してこの監督につねに驚かされてきたが、ここでもドキュメンタリーとフィクションという制度的な区分がまったく廃棄された映画のあり方に新鮮なものを感じた。

ゴダールに続いてわたしを夢中にさせたのは、ヌーヴェルヴァーグで彼の盟友であるジャック・リヴェットだった。もっともこの監督の作品は残念なことに一本も一般公開されておらず、わたしはシネクラブや特殊上映を探し当ててそれに接するしかなかった。『パリはわれらのもの』という彼の最初の長編はボルヘスに想を得た陰謀もので、パリという都市の不思議に向かい合った若いシネアストの情熱が生々しく感じられた。『セリーヌとジュリーは舟でゆく』を観たときには、これこそ自分が真に求めているフィルムだという気がした。図書館員と魔法使いの二人の女性が不思議なキャンディを口に含むと、その途端に一九世紀のイギリスの小説世界に参入してしまう。やがて幻想と現実が混同して、大変な騒ぎになる。映画が魔術ショーに起源をもつという本質的な事実をかくも魅惑的に指し示してくれるフィルムを、わたしはそれまでに観たことがなかった。

とはいえこの時期に観て決定的な影響を受けたのはルイス・ブニュエルである。一九七七年の二月に開催された連続上映に通いつめたわたしは、『黄金時代』の荒唐無稽から『哀しみのトリスターナ』の残酷さまで、この亡命スペイン人の築き上げた天蓋の下に自分のすべての感受性を置いておきたいという強烈な衝動に駆られた。わたしは中学時代に新宿文化で観たきりの『ビリディアナ』を改めて見直し、それが神聖なる瀆聖というべき作品であることを知った。今日の社会において聖なるものとはもはや野卑で貶められたものの内にしか存在しておらず、いかなる意味でも自由や解放という観念は愚かしい幻想にすぎない。ブニュエルの説くこうしたモラルを前にわたしは、いつか彼について壮大な書物を書きたいという気持ちを抱くようになった。事実わたしは一九八〇年代にいくつかのブニュエル論を執筆している。いつかそれを完成させておきたいという気持ちには、今も変わりはない。

一九七七年の一〇月にはヤクルトホールでドイツ映画祭が開催された。ヘルツォーク、アハテルンブッシュ、ファスビンダーといった「新しい波《ノイエヴェレ》」の監督たちの新作が上映され、彼らが一勢に来日した。シンポジウムの席では彼らが勢揃いした。このとき司会を担当したのが寺山修司だった。彼はいつもながらに同席した面々を挑発していた。それは西ドイツで、獄中にあったバーダー＝マインホフ集団のメンバーたちが時を同じくして集団自殺をした直後のことだった。誰が拳銃を牢獄に差し入れたのかはわからなかった。意気消沈しているファスビンダーに向かって寺山は、「きみはもうドイツ人でいることが嫌になっただろう」と話しかけた。ファスビンダーが黙っていると寺山はさらに調子に乗って、「ドイツ人をやめるなんて簡単だ。毎朝食べているジャガイモをやめればいいだけだからね」と言葉を続けた。ファスビンダーはそれでも黙っていて、そこから彼が受けた衝撃の深さが推測できた。

文学や哲学と同様、映画を観ることからもそれなりに知的刺激を引き出すことができると知ったのは、一九七四年の大学三年のときにフランス文学者である蓮實重彥のゼミに参加したときである。教養学科のフランス科の一〇人ほどの学生を主な対象としたこのゼミでは、図書館の狭い一室で、毎回テーブルを囲んで一人ひとりが、その週に観てきたばかりのフィルムについて感想を述べ、蓮實さんがそれにコメントをするという形式が取られていた。一九七〇年代の中ごろにはまだヴィデオソフトは普及しておらず、大学にはそれをスクリーンで上映する設備もなかった。蓮實さんがときおり配給会社の知り合いに交渉し、試写状をゼミ生に配った。ゼミ生はそれを手にホール試写に出かけ、翌週に感想を述べあうのだった。おそらく蓮實重彥としても、大学という制度の内側にあってどのように映画について語ってよいのか見当がつかず、暗中模索の時期ではなかっただろうか。

わたしが大学院に進んだ一九七六年にも、このゼミは再開された。今度はいくぶん講義的な色調が強くなり、蓮實さんの口からはハリウッド映画におけるリヴァースショットがもつ意味であるとか、西部劇映画の変遷といった話が出た。ゼミ生が自分の観てきたフィルムについて簡単に発表するという形式は踏襲されていたが、彼らは三年前に比べてはるかに多くのフィルムを観ており、いうなればシネフィルの卵とでもいうべき存在だった。蓮實重彥は映画における自分の好みを明確に打ち出していた。彼によればフリッツ・ラングはドイツ表現派時代にはさほどの仕事もしていなかったが、ハリウッドに亡命してからは次々と傑作を撮った。アメリカ映画で重要なのは一九五〇年代であって、それに比較してニューシネマは取るに足らない存在である。往年のフランス名画は軒並み退屈であり、ただジャン・ルノアールだけが稀有の例外である。蓮實重彥はフォードやホークス、アルドリッチ、フライシャーといったハリウッドの監督たちについては讃美を惜しまなかったが、ヨーロッパで芸術映画だと見なされている監督については押しなべて黙殺した。彼はエイゼンシュタインも、フェリーニも、ベルイマンも平然と無視し、学生が黒澤明について語っても答えなかった。『愛のコリーダ』を撮りあげたばかりの大島渚についてはただ一言不愉快そうに、「下手な監督ですね」といった。

今にして思うと、蓮實さんは自分が一九五〇年代に一〇歳代で夢中になっていたアメリカ映画への、宛所ない信仰告白だけをしていたのである。人は誰しも若い時期に接したフィルムを通して映画をめぐる原型的観念を形成し、それを基準として後に制作される作品を評価判断してゆく。それが彼の場合には、進駐軍の文化政策の延長上に公開され、また奨励されたハリウッド映画と野球だったというだけの話なのだろう。その後パリで日本映画研究家のノエル・バーチに会ったときにも、わたしは同じような感想をもった。バーチは、最終的に自分が回帰したいのは一九四〇年代のハリウッドだと語り、わたしを驚かせたが、考えてみればそれは彼が一〇歳代で接していた映画だということにすぎない。蓮實さんにしても、中学高校時代に観た西部劇に郷愁を感じているわけなのだろう。

だが日活アクションと東宝の怪獣映画、それにATG新宿文化、アメリカン・ニューシネマを通して映画体験を形成してきたわたしのような学生には、こうした基準は抑圧以外の何ものでもなかった。七〇年代の日本人にとって五〇年代のホークスやフラーの「驚嘆すべき」作品に触れることは東京では不可能であり、そのためにはパリのシネマテックに赴くしか手段がなかったからである。わたしはパゾリーニの『テオレマ』についてレポートを提出したが、それは点数を点けられず、返却されることもなかった。

蓮實ゼミには先に述べた平野共余子がかならず出席し、観てきたばかりのポーランド映画の新作について嬉々として喋っていた。他にも仏文の大学院に在籍していた鈴木啓二、野村正人、松浦寿輝、また比較の同級生である西成彦などが顔を見せていた。わたしは鈴木を予備校時代から知っていた。青山高校出身の彼は、文学と映画において育ちのよい趣味を見せる一方で、歌謡曲の熱狂的なマニアであり、シングル盤を買い揃えて自宅でヒットチャートを演出するというのが趣味だった。野村は当時からフロベールに心酔しており、あたかも自分が『感情教育』の登場人物として過ぎ去りし日々を回想しているかのように、審美的な距離感をもって日常を生きているところがあった。西は後にイディッシュ語やクレオール語の文学にまで手を染める独自の比較文学者となったが、当時はバタイユとドゥルーズに夢中で、ロックバンドでリードギターを弾いていた。野村と西は文学探求への尽きせぬ情熱のかたわらで、アイドル歌手に対して一家言をもっていた。野村が大学新聞で桂木文《あや》インタヴューに成功したとき、周囲はいっせいに拍手した。やがて彼と西は大場久美子ファンクラブを結成し、彼女のインタヴューに成功すると、『コメコ』と称する「研究誌」を刊行した。

鈴木、野村、西は今ではそれぞれ東京や京都の大学でフランス文学や比較文学の教鞭を執っている。わたしを含め彼らに共通しているのは、もはや文化の内側に高低の位階を認めることができなくなった地点から知的探求に出発したという事実である。わたしは前著『ハイスクール1968』を刊行した直後に、海老坂武氏から感想の手紙を受けたことがあった。わたしより一世代上で実存主義の洗礼をまともに浴びたこのフランス文学者は、わたしとほぼ時を同じくして、一九六八年にいたるまでの回想録を上梓しており、それはきわめて興味深い歴史的ドキュメントであった。海老坂さんは書面のなかで、わたしと彼の書物がいかに多くの固有名詞を共有しているかを語り、そこに暗黙のうちに知的継承がなされていると指摘してくれた。だが自分になく四方田にあるものはサブカルチャーであるとも明言された。なるほど、いわれてみれば確かにそうかもしれない。大学院時代を回想しながら、わたしはそう考えているところである。わたしの世代はマルクス主義に劣等感を感じなくなった分だけ、文化の相対性に楽観的な身振りを見せるようになった。また野球の規則や選手名を知らないことに、いっこうに不便を感じないようにもなっていた。だがはたしてそれがイデオロギー的にいかなる操作の産物であるかという問題に対して、一九八〇年代に入ったときわたしの世代は真剣な回答を迫られることになるのだが……。

映画ゼミの仲間たちに話を戻すと、わたしは彼らと親しく付き合い、しばしば連れ立って映画を観に行ったりもしたが、心のなかではどこか違うものを感じていた。それはわたしが(このような表現がはたしてどこまで妥当なものかはわからないが)叩き上げの映画好きであり、ゴジラから宍戸錠まで日本のローカルなB級映画の記憶に包まれていたのに対して、彼らを導いていたのがどこまでもフランスとフランス文化であり、パリのシャイヨ宮にあるシネマテックで世界中の「作家」の映画を観ることへの憧れであった点にあった。彼らを映画へと向かわせた情熱のいくぶんかは、それがフランスの現代思想の最先端を生きている教師によって説かれているという事実に起因していた。だがこの素朴な期待を意図的に裏切るかのように、蓮實さんはゼミの場では五〇年代のハリウッドB級映画の話を続け、慎重に韜晦を重ねているように見えた。居並ぶゼミ生のなかでもっとも蓮實さんに覚えが目出度いのは松浦寿輝であった。ヌーヴェルヴァーグのシャブロールの回顧上映が行われると、彼はただちにその翌週のゼミで、習い憶えたばかりのカメラの専門用語を駆使しながら、その素晴らしさを報告した。そして最後に、人はヌーヴェルヴァーグにヒチコックの影響ばかりを云々しますが、本当に大きな意味をもっているのはルノアールではないでしょうかと付け加えた。これはおよそ考えられるかぎりの満点答案だった。

余談ではあるが、このゼミからはるか後になって一九九〇年代に、わたしは駒場の大学院で非常勤講師として映画学のゼミを二年ほど開講したことがある。そのときに気付いたのは、東大生がいかに担当教師の学説やイデオロギー的偏差をすばやく読み取り、それに迎合した発表をすることに長けているかという事実だった。彼らはゼミが開始されるや、ただちに担当教員の著書や論文を取り寄せ、その語彙と思考の文体の予習にとりかかる。その人物が「業界」のなかで誰と仲よく、誰と対立関係にあるかを目敏く調べ上げ、どのように振舞えば優秀な成績で単位を取得できるかを考える。その結果、人を思わず当惑させるような、途轍もない荒削りの独創性を披露する代わりに、いかにもその場に似つかわしい言説を思いつき、優等生としてのレポートを提出するのである。もっともゼミが終了してしまうとそれは忘れ去られ、彼らはまた新しく現われたゼミの担当者を前に、その人物の著作に想を得た言説を教室で披露し始めるのだ。おそらくこうした学生は、厳しい受験戦争を掻い潜るどこかの時点において、こうした処世術を無意識的に体得したのだろう。

松浦もまたこうした秀才に似て、ゼミの主催者の嗜好を敏感に察知し、それにみずからの言説を重ねあわせていく術に長けていた。それはほとんど無意識的な身振りであったといえる。だが彼には、凡庸な秀才たちとは次元の違う圧倒的な才能があり、それは他のゼミ生の全員が認めるところだった。彼がいずれ東大の教授になるだろうと、誰もが信じて疑わなかった。だからといって彼はけっして傲慢に振舞ったり、人を見下すという素振りをついぞ見せることがなかった。万事につけて深く関わらず、自分の真の情熱のありかを人に悟られないように努力すること。公共の場所ではけっして積極的に行動せず、嫌々ながらという意志表示を忘れないこと。これが彼の処世訓であるように思われた。だが彼が生来的に携えていた過剰なばかりの自己分析の性癖は、おそらく彼に幸福な認識をもたらさなかったと、現在のわたしは懸念していないわけではない。というのもひとたびヴァレリーに文学の規範を求めたこの人物は、つねに眼前の対象を節度正しく模倣することでしか現われ出ることのない才能に、誰よりも自覚的であり、また誰よりも苛立ちを感じていたはずだからである。

蓮實ゼミに集う学生たちの間で、ただ映画を受動的に観ているだけでは仕方がないから、何か授業外で集まってイヴェントをしようという機運が出てきたのは自然なことだった。もっとも仏文系の男子たちは軀を動かすことに逡巡し、万事において積極的なのは平野共余子だった。

彼女はまずフィルムセンターに働きかけ、既定の上映とは別に所蔵作品の特別上映の許可を取り付けた。センターの職員は仕事が増えることを億劫がり、上映に際して細かな料金規定をチラつかせたが、平野は映画史研究のための上映であると熱心に主張し、ついに山中貞雄の『人情紙風船』と伊丹万作の『赤西蠣太』を特別ホールで掛けることに成功した。学生には法外な上映料を支払わなければならないため、ゼミの有志たちは友人知人に声をかけ、頭数を揃えて会費を徴収しなければならなかった。日本映画史に暗かったわたしにとって、二本のフィルムはその名前すら聞いたことのないものだった。だが平野の口吻からは、彼女が以前からそれらの重要性を認識していて、どうしてもそれを観る機会がないことを悔しく思っているという気持ちがありありと感じられた。事実、上映会が終わったとき、わたしたちは作品のあまりの素晴らしさに圧倒されていた。山中の繊細さと伊丹のモダンなユーモアに、未知の天体を発見したかのような感動を覚えていたのである。

現在、大学で日本映画史を講じているわたしは、一年生と二年生にこの二本をヴィデオで観ることを義務付けている。ヴィデオとDVDの開発は映画史研究と映画批評のあり方を、文字通り根本的に変えてしまった。文庫本で漱石や芥川を読むように山中と伊丹に接するわたしの学生たちは、つい三〇年前には彼らのフィルムを観るために人がどれほど煩雑な手続きを強いられたり、いつとも知れぬ上映まで待機を求められてきたかということを、けっして理解できないだろう。だがようやく目の当たりにすることのできた幻の傑作なるものが、かつては存在していたのだ。平野がその後ベオグラードに留学すると、わたしがその後を継いでこの特別上映のプログラムを担当した。メリエスの『月世界旅行』やムルナウの『ファウスト』を選んで、フィルムセンターには掛けてもらった記憶がある。平野は後にニューヨークのジャパン・ソサエティに勤務し、彼の地で日本映画の上映活動に長らく携わった。『マンハッタンのKUROSAWA』というその著書を読むと、異国の地での彼女の孤軍奮闘ぶりがよく理解でき、「雀百まで」という俚諺の正しさが納得されてくる。

平野の情熱は留まるところがなく、とうてい上映会程度では収まらなかった。彼女は友人たちに呼びかけて、映画批評の同人雑誌を刊行しようと提案した。先に名を掲げたゼミ生たちの他に、彼女の個人的友人であった竹下節子や沼野充義がそれに参加した。竹下は当時、山口昌男の周縁理論を信奉しており、日本中世の聖について興味深い修士論文を書き上げたばかりで、ほどなくパリに移ると現在はキリスト教を中心とした宗教史の分野で活躍している。沼野は中学高校を通してのわたしの二年後輩で、ロシア文学を専攻していた。彼はわたしを含むバリケード世代が踏み荒らしてメチャクチャにした高校文芸部の同人誌を、篤実にもう一度軌道に乗せた人物だった。この信頼すべき篤実さという美点を彼はその後の多忙な日々においても失うことなく保ち続け、それは今日まで彼の小説時評と翻訳に如実に現われている。

現在わたしの手元にある同人誌『闇祭』創刊号には、一九七六年九月二〇日発行という奥付がある。ということは夏休みにメンバーが原稿を執筆し、休み明けに印刷と造本を担当したというわけだろう。わたしたちは謄写版も活字タイプも用いず、細かく書き込んだ手書き原稿をそのまま青焼きして裁断し、ホッチキスで綴じるという方法を選んだ。六八頁のこの小冊子に掲載されているのは、平野の一九七〇年代ポーランド映画概観、松浦のトリュフォー『アデルの恋の物語』のヌーヴェルクリティック風分析、野村のTVドラマ論、それにわたしのゴダール『東風』論であり、竹下の短い滞仏日記が添えられている。松浦がトリュフォーを、わたしがゴダールのジガ・ヴェルトフ時代をまず取り上げたことは、二人の資質の違いを当初から証し立てているようで興味深い。もっとも本名で執筆したのはわたしだけであり、他のメンバーは冗談半分に考案した筆名を用いていた。

『闇祭』はどこまでも平野が主導の試みで、わたしは誘われて参加したにすぎなかった。だがひとたびこの雑誌が形を取って現われると、今度はわたしの方が同人誌造りに情熱を抱くことになった。そこで先のメンバーに声をかけ、今度はちゃんと印刷屋に依頼して、活字を組んだ雑誌を制作しようと呼びかけた。かくして翌一九七七年一一月、『シネマグラ』の創刊号が刊行された。

印刷を担当してくれたのは梅ヶ丘にある七月堂という詩集専門の小さな印刷出版社で、これは沼野の紹介だった。沼野はここで、ベンヤミン研究をしていた三宅晶子などとともに、外国文学研究の同人誌を出していたのである。七月堂の社主であった木村栄治は詩とジャズを愛する情熱的な人物で、故郷群馬の山中にユートピアを建設する夢に取り付かれていた。『シネマグラ』のメンバーが出入りするようになって彼の事務所は小サロン化するようになり、一九八〇年代になるとそこから松浦の最初の詩集『ウサギのダンス』や同人誌『麒麟』などが刊行されることになった。わたしの修士論文を改稿したスウィフト論も、ここが出版元である。七月堂はその後根拠地を明大前に移し、今日でも詩集と同人誌の制作を続けている。

「シネマグラ」というのは、「シネマ」に「グラ」、つまりフランス語で「脂じみた」とか「肥満した」を意味するgrasを結合させた、荒唐無稽な造語である。わたしはこの言葉を、夢野久作の長編小説『ドグラマグラ』との関連で思いついた。着想を話すと、もとより夢野をはじめ異端文学に深く親しんでいた野村が、ヒャッヒャッヒャと奇妙な笑い声を立てて賛成してくれた。もっともこの時期には主要執筆陣としてわたしが期待していた鈴木と松浦はともにパリに留学しており、憧れのシネマテックに日参してフラーやブニュエルの旧作を観たといった、わたしには羨ましい内容の絵葉書を送ってくるばかりだった。そこでわたしと平野、野村、沼野、それに後に放射線科医となる稲川正一といった日本残留組が執筆をし、先の二人には同時期にパリに滞在していた蓮實重彦との鼎談をしてもらうことにした。また何か外国の理論的なテクストを掲載した方がいいだろうと判断し、手元に到着したばかりの記号学雑誌『コミュニカシヨン』の「映画と精神分析」特集号から、一番短い文章を翻訳して載せようと考えた。こうしてロラン・バルトの「映画館を出て」というエッセイが巻末に掲載されることになった。わたしが蛮勇を奮って翻訳した初稿に、わたしよりもはるかにフランス語のできる野村が赤を入れて翻訳は完成した。もっともバルトの名前は今日ほど知られているわけではなく、雑誌を手にした者のなかには「へえ、留学生も参加しているんだ」と誤解して感心してくれた向きもあった。わたしは表紙にJ・J・グランヴィルの諷刺画を用い、埋め草のコラムと編集後記を執筆した。編集という作業は生まれて初めてであったが、ずいぶんと愉しいものだという印象をもった。その後も『GS』をはじめ少なからぬ雑誌にアマチュア的に参加したが、原稿の発注から割付まですべてを統括して制作に熱中したのは、この『シネマグラ』創刊号である。薄いクリーム色の紙に印刷された表紙を眺めていると、今でも雑誌が完成して梅ヶ丘の七月堂で、薩摩焼酎のお湯割りで祝杯を挙げたときの興奮が、ありありと思い出されてくる。

『シネマグラ』は一九七七年秋に始まり、その後一九八〇年夏に第七号を刊行して幕を閉じた。松浦はそこに、ドゥルーズの『意味の論理学』に霊感を受けたヒチコック論を連載し、沼野はロシア・フォルマリズムのトゥイニャーノフの映画論をめぐる長編の評論を掲載した。西は（先に述べた大場久美子への熱愛？も働いてか）大林宣彦の『ＨＯＵＳＥ ハウス』を「器官なき身体」として読み解くという、きわめて前衛的な論文を発表し、それを監督に送って彼を当惑させた。また鈴木は日本のメロドラマ映画における歌謡の問題を取り上げる論考を寄せた。野村は日活ロマンポルノの小沼勝と曽根中生について、目利きの技を披露した。もっともこうした一連の批評家ごっこのなかで、平野だけが映画史という枠組みを自覚しているように見えた。彼女は小津安二郎の戦前の喜劇に焦点を当てて、その細部の面白さを得々と披露する文章を発表した。

わたしは何を書いていただろうか。当時のわたしを夢中にさせていたのは、個人的に批評を書くことよりも、雑誌を制作することだった。アンケートを纏め、埋め草のコラムを書き、インタヴューの赤入れをした。雑誌が完成すると、東京にあるいくつかの書店の営業担当者に会い、一〇部とか二〇部単位で映画コーナーに置かせてもらう段取りをした。神楽坂にあった牛込文化劇場や池袋文芸坐地下といった名画座は、雑誌の意図を理解してくれ、プログラム売場のわきにそれを置いてくれた。わたしはこうした作業の合間にマルクス兄弟とブニュエル、それにスピルバーグについて文章を書いた。また以前行っていた鈴木清順のインタヴューを纏めて、雑誌に掲載した。今日のわたしでは考えられないことだが、『未知との遭遇』が公開されたとき、わたしは夢中になって三回にわたり劇場に通いつめ、ただちにスピルバーグ絶賛のエッセイを書いたのだ。

『シネマグラ』はわずか四〇〇部しか発行しない同人誌ではあったが、創刊してみるといくつかの反応があった。創刊号には稲川による寺山修司論が掲載されていたが、当の寺山がそれを偶然に書店で発見して喜んだという話が伝わってきた。最初に定期購読の申し込みをしてきたのは松本俊夫だった。鈴木清順と小沼勝は雑誌を手にして悦んでくれた。川本三郎は読者コーナーに手紙をくれ、それは次の号に掲載された。さらに巌谷國士にいたっては、『ユリイカ』の連載コラムで『シネマグラ』を取り上げたばかりか、みんなで遊びに来るようにと豪快な号令をかけてきた。わたしたちはパリに出発する直前の巌谷家に押しかけ、夜遅くまで彼と話しこんだ。同人たちは文章を書けば、これまで雲の上の人々だと信じていた映画監督や評論家を含め、間違いなく未知の読者がそれを読んでくれ、反応してくれるという事実に、素朴に感動していた。そこで同人の間でもっとも人気の高かった二人の監督、小沼勝と曽根中生の特集号を制作することを決め、彼らに会いにいった。目下撮られつつあるフィルムと同時進行的に自分たちはモノを書いているのだと考えると、わたしたちは興奮した。おそらくわたしにとってそれは、映画批評を書き続けた三〇年の歳月のなかで、もっとも幸福な時期であったはずである。『シネマグラ』が号を重ねてゆくにつれて、わたしの手元にも新作映画の試写会状が舞い込むようになった。最初に到来したのがフランス映画社で、次が日本海映画と岩波ホールだった。わたしは悦び勇んで銀座の試写会室に向かった。そして『牧神』や『ユリイカ』『カイエ』といったリトルマガジンに、短い映画評を発表するようになった。タルコフスキーの『惑星ソラリス』について執筆したものが、たぶんその最初のものだったはずである。映画について書かれた初期の文章はすべて最初の映画批評集『リュミエールの閾』(朝日出版社、一九八〇)に収録されている。だがわたしは当時の文体の衒学的にして生硬なあり方を思い出すと目から火が飛び出そうな気がし、どうしても冷静に読み直してここに引用することができないでいる。

一九七七年のことであるが、わたしは荒俣宏と知り合いになった。彼と少女漫画の話をしているうちに盛り上がり、それなら漫画論を競作しようという話になった。わたしは彼に誘われて、『月刊ペン』に「物語から細部へ」と題する手塚治虫論を発表した。これは漫画を物語から離れ、コマ割りと吹き出しの形態の面白さに立ち戻って愉しんでみようという姿勢のエッセイで、後に『漫画原論』（筑摩書房、一九九四）で展開される漫画記号学の序章のようなものである。漫画研究にあってはフォルマリズム的な分析が常識となって久しいが、一九七〇年代には世代論と児童文化論が主流を占めており、わたしのような分析はまったく存在していなかった。その意味で書いてみるだけの価値はあったと思う。わたしは荒俣宏に誘われて、店を閉じようとする貸本屋を訪れ、放り出されようとしている汚れた漫画本を大量に引き取った。まだ漫画の古書としての価値など、誰も発見していなかった時期のことである。やがて荒俣は幻想文学家として驚異的に多忙な日程をこなすようになり、わたしたちの交際は終わった。

『シネマグラ』を刊行したことで知り合いになった人物のなかに、高橋正也という人物がいた。年齢は六〇歳を少し越えていたほどだろうか、戦前の東京で大きな玩具屋を営んでいた家の息子で、大学生専用のアパートを経営している人だった。といってもこれが一風変わっていて、大学で哲学を専攻している学生しか入居させないという主義をうたっており、もっぱら彼はその学生たちと哲学談義をすることに人生の悦びを見出していた。とにかくドイツ哲学の話になると喫茶店で二時間でも三時間でも話しこんでしまうという癖があり、『シネマグラ』の同人たちはいくぶん閉口ぎみの口調で彼のことを、「ゲルマン伯父さん」と呼んでいた。ゲルマン伯父さんには一つ自慢があった。サルトルが一九六〇年代に来日して講演したとき、最後にハイデッガーをどう思うかと質問したところ、彼が答えなかったというのである。自分はサルトルとの論争に勝ったというのが伯父さんの口癖だった。

ゲルマン伯父さんはわたしたちを次々と映画関係の人々に紹介してくれた。松本俊夫が雑誌を読んでくれたと聞くと、ただちに同人たちを彼の事務所へ連れて行ってくれた。『薔薇の葬列』の監督はまったく無名のわたしたちに対して、映画記号学のあり方をめぐって真剣な議論をしかけてきた。わたしを小川徹のところへ連れて行ってくれたのも、ゲルマン伯父さんだった。

この章を閉じるにあたって、わたしは最後に小川徹に会いに行ったときのことも、ここに記しておきたい。当時の彼は、新橋のひどく古ぼけたビルの一室に事務所を構え、独力で『映画芸術』を編集していた。雑誌は一応隔月刊ということになっていたが、その予定が守られることはなく、事実上は年に二回くらいのペースに落ちていた。返本が堆く積まれているため、真昼でも薄暗い事務所の中央に、小川さんはあたかも海象《せいうち》のように鎮座していた。彼はわたしたちを歓迎してくれ、戦後すぐに『世代』という雑誌に関わったときのことを懐かしげに語った。映画批評はどのように書けばいいのですかと、わたしは尋ねた。すると彼はおもむろに、たとえば病気で入院中の友だちがいたとする。見舞いに行くと、つい今しがた観てきたばかりの映画の面白さを夢中になって話してしまったりするだろう。ひょっとしたら「早くよくなってその映画を観れるといいねえ」くらいのことはいうかもしれない。このときの話の最初と最後とを切って、真ん中だけを活字にすれば立派な映画評になるよ。小川さんは大体そのようなことを喋った。

だがこうした会話の後に小川さんが披露したのは、もう数十年にわたって行ってきた個人研究のことだった。どうやら彼は、女性の顔と性器との照合対応関係をめぐって莫大なメモを蓄えていたようである。そのためには個人的なフィールドワークだけでは追いつかず、欧米のポルノ映画の研究が必須なものであるらしい。ときおりアメリカに出かけるのはそのためだと、彼は語った。それから満洲の話になった。大連で生まれ、かつてドイツ人が建てた芝生付きの洋館に育った小川さんにとって内地とはいささかも感傷の対象ではなく、日本は敗戦後に南北に分断されてもよかったのだという意見がその口からでた。

『シネマグラ』の刊行が契機となって会うことのできた人物のなかで、この小川さんは飛びぬけて印象的な人物だった。この人は本気だと、わたしは直感した。世俗の功名心とかつまらない業界の政治などを尻目に、悠々と自分の執念だけのために雑誌を編集していた。その手垢に塗れた孤独のあり方に、わたしは深い感動を覚えたのである。『映画芸術』編集部を訪れたことが契機となって、わたしはほどなくしてこの雑誌に寄稿することになった。一九八〇年代に入ると、勃興し出した香港や中国の新世代監督についてせっせとレポートを書き、年末に行われるベスト10・ワースト10のアンケートに参加し、さまざまな座談会に名を連ねた。あるときから小川さんは健康を害し、すっかり痩せてルイス・ブニュエルに似た風貌となった。『昼顔』に登場する日本人のモデルは小川さんだと澁澤龍彦が書いていますが本当ですかとわたしが尋ねると、ニコニコしているだけで、何も答えようとしなかった。小川さんは一九九〇年代の最初に亡くなったが、歳月が経つにつれてわたしの内側で彼の生きざまは原型として固まり、同時にその影はしだいに巨大になるばかりである。イェイツは最晩年の詩のなかで、「老人はどうして気が狂ってはいけないのか」という過激な問いを発している。わたしはいつか零落について書物を著わしたいと夢想しているのだが、そのさいまず掲げるべきなのは小川さんの思い出となるだろう。

つい長く小川さんのことを書いてしまったが、話をもう一度ゲルマン伯父さんに戻すと、一九八〇年代になってこの人物は最後にわたしと西成彦を、当時現代思想の領域で最先端の雑誌であった『エピステーメー』の編集部へと連れて行った。編集長の中野君は昔からよおく知っているからというので、わたしたちは彼の案内するままに飯田橋の出版社を訪れた。ゲルマン伯父さんは約束も何もとりつけず、いきなり中野幹隆氏を呼び出すと、道元とハイデッガーの比較について語りだした。わたしと西とはいつもながらのことだと観念して黙って聞いていた。中野さんは神妙な顔をして、ときどき相槌を打っていた。それからわたしたちと簡単な言葉を交わすと、「それで原稿はもうどのくらい書けているのですか」と尋ねた。何のことか皆目見当がつかなくて当惑しているわたしたちに向かって彼は、「エピステーメー叢書」というシリーズを刊行しているので、お二人の書いたものをさっそく出版したいと説明した。こうしてわたしの映画批評集と西のゴンブロヴィッチ論とが、フーコーやバルトの翻訳と並んで刊行されることになった。

中野さんとはそれからもウマが合い、彼は一九八〇年代にわたしの書物を何冊か出版してくれた。あるとき新刊が無事に刊行されたというので二人で食事をしていたとき、彼が突然に尋ねてきたことがあった。そういえば四方田さんが最初にわたしの元に見えられたとき、ご一緒だった方はどのような方だったのでしょうかと、彼はいった。わたしはひどく驚いた。ゲルマン伯父さんはまったく一面識もない中野さんのもとに、アポイントメントもなくわたしたちを連れて行って、著作刊行の話を決めてしまったのである。いったい何という人物だろう！『シネマグラ』は一九八〇年代の最初まで続き、全員が無署名で執筆するという第七号を最後に解散した。ゲルマン伯父さんが池袋駅で倒れ、近くの病院に収容されたと知らされたのは、その直後のことである。係累をもたないこの人物を見舞うのは、わたしたちを除けばほとんどいなかったはずだ。彼は病床にあっても、ハイデッガー全集の新刊を買ってきてほしいと見舞い客に依頼し、掠れた声で実存哲学を説いた。それから沖縄戦でアメリカ軍の捕虜となったときに観た、ハリウッド映画のすばらしさという話になった。

ゲルマン伯父さんが亡くなり、しばらくして小川さんが亡くなった。中野さんはその後も哲学からヘアヌード写真集までを出版し、編集者として多彩な活動をした後で、二〇〇六年に癌で他界された。亡くなる直前にわたしの研究室を突然に訪ねてこられ、まだ一年は寿命があると医者にいわれたからといって、わたしの長年の懸念であったブニュエル論を刊行したいといった。もっともわたしが旧稿を整理しているうちに、彼は早々と現世を去ってしまった。

第九章

ノオト1976-1978

二三歳から二四歳の間に執筆された七冊の大学ノオトから七三の断章を選んだ。

この時期に入るとノオトからは内面的な思索の記述がまったく姿を消し、書物を中心に映画、美術、音楽などの印象がほとんどの部分を占めるようになる。また一つひとつの断章が短くなり、なにか主題をめぐって文学的な文章を準備するというよりも、むしろ日々に体験した印象をメモしておくといった性格が強くなっていく。大学院に進んだあたりでわたしは長い「冬眠」を終え、もう一度積極的に街角に出ていくことになった。わたしは8ミリカメラを弄くったり、映画好きの仲間と語らって上映会を企画し同人誌を発行するようになった。ノオトに記された文章の変化を眺めていくと、その背後にわたしの生活の変化があったことが推測できる。

この時期にわたしを捉えて離さなかったのは、ジャンルとしてのユートピア文学の内側に横たわる矛盾した性格であった。ユートピアが究極の理想郷であり、そこでは時間が完璧に廃棄され永遠の現在だけが支配するといった空間であるとすれば、それを言語を通して記述することははたして可能なのだろうか。事実、トマス・モアからスウィフト、サドにいたるまで、多くのユートピア旅行記は、ユートピアにおいては文字言語は消滅し（あるいは禁止され）、ただ永遠の現在に真理を告げる音声言語だけが君臨すると記している。『ガリヴァー旅行記』を素材にこの問題に取り組んでいたわたしにとって、デリダが『グラマトロジーについて』において西欧社会の根底にある真理と音声中心主義を根底から覆そうと、奇怪にして果敢な戦略を練っていることは、実に興味深く思われてくるのだった。だがその偽史めいた主張を論文に取り込むだけの度胸は、当時のわたしにはなかった。

もう一つわたしが『ガリヴァー』において拘泥したのは、そこにラブレーの時代の笑いとは明らかに異なる、冷たく否定的な笑いが登場してきているという事実であった。ラブレーを叩き台として練り上げられたバフチンの祝祭理論は、スウィフトにそのまま適用するわけにはいかず、部分的な改訂が必要とされた。近代におけるイコノクラスムがこの改訂の原因の一つである。

さてこの時期のわたしのノオトで目立つのは、映画をめぐる記述が極端に目立つようになったことである。大学から大学院にかけてわたしは、一年に三〇〇本から五〇〇本のフィルムを観ていた。別のノオトにはその克明なる記録がつけられている。ブニュエルの作品に本格的に目覚めたのはこの時期である。もっともノオトを読み返してみると、当時のわたしのブニュエル観は現在よりも多分に神学的であり、救済と待機という主題をめぐって丹念にメモをとった痕跡が見られる。

以下に若干の出典註を記しておきたい。

3は阿部良雄のゼミでブルトン「第二宣言」に苦しんでいたことに由来している。ちょうどガリマールからバタイユ全集の刊行が開始されたばかりであったことが、この断章に反映されている。10は河合隼雄の講義で、牧牛図の最後に痴愚神が登場すると教えられたことが記憶にあったのであろう。この問題は実は今でもわたしの気にかかっていることである。12は初めて月島佃島に足を向けた日の記述をしてここに遺しておきたい。Aは高校の同級生で、同人誌の仲間であった。17のメリヨンを知ったのはもちろんボードレール経由である。ピエール＝ジャン・ジューヴのメリヨン論をその当時知っていたかは記憶にない。21のforgetful snowはエリオット『荒地』第一部「死者の埋葬」より。22はユングの『ヨブへの答え』の『黙示録』解釈による。わたしは『黙示録』一二章の太陽の女の記述がひどく気になっていて、同じ時期に執筆した最初のゴダール論のなかでも言及している。23はフーコーとドゥルーズのクロソウスキー論に示唆されたもの。26の社会事業大学は、一一歳のとき中学校受験を目的とした補習のため日曜ごとに通った場所。北朝鮮宣伝映画のポスターがいたるところに貼られていた。31はブレイクの「天国と地獄の結婚」。33はカイヨワ『妖精物語からSFへ』とトドロフ『幻想文学論序説』。34は後に「谷川雁と岩窟の聖母」と題するエッセイに展開した。バシュラールの『夢想の詩学』を読み耽っていた時期の記念。もっともこうした綺麗ごとの世界を、その後のわたしは無惨にも切り捨てて省みないのだが……。39のK．T．は弟の高校の同級生で、若くして深い鬱病を患っていた。イラストを描くのが得意な少年だった。44以降はアテネフランセ文化センターで開催されたブニュエル連続上映の感想。このときいつかブニュエル論を上梓しようと決意したのだが、三〇年が経過しても実現できずにいる。65にはユルスナールとヘラクレイトスの幼げな影響が見られる。69はバタイユをめぐるコロックの記録で、ソレルスが人間の肉体に動物のような先端があるかと問題提議したことに拠る。

ちなみに大学大学院時代を通して執筆されてきたノオトは、一九七七年の九月か一〇月ごろに突然に中断されることになった。原因は簡単で、日々の思索のなかで修士論文の準備のために付けていたノオトの比重があまりに大きくなりすぎ、それ以外の読書の感想や思索を書き付けるだけの余力がわたしになくなってしまったためである。一九七九年一月に論文が完成するまでその状況は続き、いつしかわたしは書くことの習慣を失ってしまっていた。一九七九年四月にソウルに到着してからは、わたしはきわめて律儀に日記をつけ、その一日の見聞と体験を細かに記すことになった。『星とともに走る』（七月堂、一九九九）には、一九七九年から一九九七年までのわたしの日記が抄録されているので、ご関心のある方はそちらに当たっていただきたいと思う。

1

雨、降り続く。エリアーデ『オカルティズム・魔術・文化流行』を読む。文化流行とはテイヤール・ド・シャルダン、「プラネット」、レヴィ＝ストロースのこと。反歴史主義、反実存主義、六〇年代へのノスタルジアがここにあると、エリアーデは説く。しかし彼こそ歴史的時間からの解放を解いた人ではなかったか。

2

ある時間にどことも知れぬ場所で起こった戦いでは、敵と味方だけが対立していたわけではない。その場所の固有性と、〈場所〉一般とが、より大きな形で関わっているのだ。全体性と個とが対立している。一つの戦いのなかにより大きな戦いの表象しか見ない者は、何もかも見落としてしまうだろう。

3

ブルトンの「宣言」のわかりにくさ。それに比べてバタイユは唐突な語法ではあるが、歯切れよく進む。『ドキュマン』のいくつかの文章。バタイユの「下方」への偏愛を弁証法への反哲学として捉えること。

4

『愛のコリーダ』を初日に観る。いくつかの美しいショット。青空と夕暮れの窓。障子から窺われる光の気配を背に、馬乗りになって男の首を絞める女。これまでの大島映画よりはるかに明快な主題。逆にいうと、マニエリスムの細部の不在？

5

森有正の死。数年前のTVに出ていた彼の印象。ある人名を会話の最中に失念してしまい、それを思い出そうと懸命になるあまり、彼は激しく咳き込み、傍らにいた女性アナウンサーを狼狽させた。彼の真摯な姿。その愚鈍なまでの拘泥。やはり私と同じ喘息の人であったかという思い。だが違和感は残る。わが身に降りかかる事件の裏側に、つねに何かの感動や美が控えていなければならないという彼の執念。そこに抽象的なるものへの上昇の契機を読み取ろうとしてしまう不幸な精神。なぜあるがままであっていけないのか。なぜ無為であってはいけないのか。ザッパ「野菜をあるがままの名前で呼んでみよう。[*17]」

6

アテネフランセにてルイ・マル『地下鉄のザジ』。子役のドモンジョが時々おばあさんに似た顔をする。歯並びの悪さがいいと思う。森有正はこの映画を観たことがあっただろうか。

7

吉田秀和。現代音楽の記譜。いかに厳密に作曲されていようとも、人間の生理的限界を超えた曲をどう聴き取るか。大きな音幅の移行のさい、人間の耳はえてして移行の次の音を調性化して受容してしまう。作曲家ですら自分が書きつつある曲の音を正確に把握することができず、また聴衆もその音の正確な形を知ることがないとすれば、音楽はどこに実現したことになるのか。曲は似姿だけを残して、けっして聴こえない領域へと消滅してしまう。

8

スタイナー『バベルの後』。第二章だけまず読む。クラチュロス、カバラ、ベーメ、ベンヤミン、ヴィコ。ではデリダの位置はどこになるのか。失われた「アダムの言語」のことを考える。

9

藤枝静男『田紳有楽』。すごい作品だ。真贋の混合とグロテスクな変身。最後に登場人物の全員が一同に会し、チベット風の饗宴となる。時空がどこかで歪んでしまった傑作。

10

夕方、暗くなった空に回教徒の徴を思わせる三日月。その左に少し離れて金星。まるで紙細工を切り取ったようだ。日本における痴愚神としての布袋和尚。西洋に対応するものはいないか。バッコス神？

11

漱石の『門』。曖昧な始まり。事件はすべて解決せず、言葉はすべて生返事だ。これはけっして禅の悟りなどではない。温かさから寒さへの転落。

12

佃島にAの新居を訪ねる。いたるところに盆栽と鉢植えを並べた路地。商店街の夕焼け。砂山。これは造船所の名残か。夜、有楽町まで車で出る。

13

アルドリッチ『飛べフェニックス』。感動的なフィルム。あれだけ苦労したというのに、解決はあまりにあっけない。この虚しさ。最後に水を呑む主人公たちを見つめているのは、誰の視点か。

14

ジャングルジムでは性交はできない。
ジャングルジムについて考えてみること。
思考における対応物とは何か。

15

駒場の図書館で蕭白の画集を見る。仙人と動物の手足爪の伸びきったさま。異様な色彩。とりわけ晩年の「石橋図」。無数の狗がわれ先に岸壁を登り、石橋を渡ろうとするさまを、魚眼レンズで捉えたように描く。上下が丸く屈曲し、空間の広がりがいっそう感じられる。△と□だけで構成された風景。これはキュビズム以上だ。

16

この世界ははたして動いているのか。胎のなかのみじろぎ。[*18]
時間の帯、女神の帯。溶けさるがいい。空中で燃え尽きてしまうがいい。

17

シャルル・メリヨン。空に漂う風船。不安げに飛び交う鳥たち。異形の魚。都市の主人とは誰か。

〈私〉とは世界の狭間に偶然に生じた真空。両側から風が激しく吹き込み、透明な空間はただちに濁り出す。カマイタチ、空気の狂気。私はわが身を切りつけ、傷つけてきた。

18

ベルトルッチ『ラストタンゴ・イン・パリ』。マリア・シュナイダーは寝台の上で蜘蛛のように手足を動かし、芋虫のように転がる。フランシス・ベーコンの描いた不幸な肉体。名前も過去もない愛の空間。逃走。噛みあわぬ対話。悪ふざけ。部屋のなかで転がされ放置されている寝台。椅子。肉体。

19

夢のなかでプリニウスの『博物誌』を、誰かから見せてもらう。それはサッカーボールのような球体で、おそらくガラスで作られているのだろう、世界のさまざまな植物と動物がパノラマのように映し出されては消えてゆく。[*19]

20

バッハ「ヴァイオリン・パルティータ」。大気の上層の、凍てついた結晶のような音楽。バッハにおける高さの印象。

21

雨が降り出した。

「忘却の雪」という言葉があるように、「忘却の雨」という言葉はないだろうか。世界中にある憎悪という憎悪、悲惨という悲惨を洗い流してくれる、治療の雨はどこに降っているのか。私はいつまで不毛な苦しみのうちにあるのか。存在の苦い汁よ、雨よ。存在という汚穢を洗浄し、私にいまだ占いえぬ時を与えよ。

22

『黙示録』についてのユングの所見。

この書物は三通の『ヨハネ書簡』と同時に、いやむしろその分身として読まれるべきである。作者はおそらく同一人物である。彼は書簡にあっては、神をまったき光にして暗黒の不在、つまりsummun bunumにして愛そのものであると、一元的に語っている。そのためみずからの抑圧された無意識が障害を起こし、神本来の両義的な映像の回復が求められることになった。そこで神のもうひとつの側面、嫉妬と憎悪と怨念に燃えた、暗い憤怒の顔が啓示されることになった。それが『黙示録』にほかならない。

『黙示録』に登場するキリストは、剣を手に破壊と殺戮を行う。天使の語る「永遠の福音」は、何よりも「神を畏れよ」と説く。ユングによれば、神の両義性という認識は、その後錬金術を経てヤコブ・ベーメに到達する。ベーメの描いた曼荼羅は、光と影の二つの半球が背中合わせに結合しており、善と悪の相互肯定による統合を目指している。第一原理と第二原理の間にも火が燃えていて、光と闇の二側面をもっている。とはいえ『黙示録』に限界がないわけではない。そしてその限界ゆえに『黙示録』は未来に開かれているのだと、ユングは論じる。第一二章の「太陽を着た女」と新生児の物語は、来たるべき神の、不透明なる人間への完全なる受肉を預言しているのではないか。ここまで来たとき、聖書解釈は心理学の問題圏に突入する。

23

悪魔とは他者、つまり神からはるかに遠い反対の極などではなく、むしろ異様で途方にくれさせ、ひとを呆然と口もきけなくしてしまう何かである。つまり同一者 le même であるということだ、とフーコーはいう。キリスト教は二元論とグノーシス主義の影響によって、二極的思考を得意としてきた。神／悪魔、光／闇、善／悪という対立を想定し、対立ゆえに闘争を続けてきた。そこでは悪魔は神とは正反対の存在であり、それゆえに矛盾↓統合という弁証法が生まれることになる。

だがもし他者であると見なされた悪魔が、実は神とまったく同じ存在、つまり神に似ていて、神のあらゆる力を真似、神と同様に永遠の真理を語ることのできる同一者であり、ただ神を真似るという悪意においてのみ神と判別しうる存在であるとすれば、どうだろうか。悪魔は神の鏡に映る不吉な影、simulacreとなるだろう。この言葉はバロック時代の演劇までは大いなる眩暈であったが、デカルト以降は忘れられてしまった。フーコーはその意味をもう一度考えるべきだと提案する。

24

ユゴー『ノートル＝ダム・ド・パリ』。奇跡御殿では文字通り、奇跡が生じる。昼の間は物乞いのために蹇や盲や癲癇の真似をしていた者たちが、夜のパリを裏返したところに現われる乞食の王国にあっては、次々と擬態をかなぐり捨て、王国の中心人物たちとして君臨する。王国にふとしたことから迷い込んだ詩人グランゴワールは、あらゆる存在の逆立による世界に驚く。なんとブリューゲル的な（ユゴー自身はカロ的といった）広場の映像であることか。ユゴーのなかに内蔵されているラブレー[*20]。この長編とルイスの『マンク』の類似。クロードは明らかにアンブロジオに由来している。ノートルダム寺院は閉鎖された母胎であると同時に、エクリチュールの痕跡そのものでもある。クロードは壁に刻まれた絵と彫刻が何を意味しているかを、記号として読み解こうとしている。建築とは書物である。

25

映画のなかに登場する群衆を分類し、類型学を樹立すること。たとえばキートンを追いかける女たち。神代辰巳のフィナーレを飾る女たち。[*21] 清順の描く喧嘩学生たち。[*22] インディアンと騎兵隊。[*23] 集団のチャンバラとその見物人たち。群集はどのようにして出現し、どのようにして消え去るのか。方法論。カネッティの語る個と群集の両義性。[*24] 数の無限増殖への恐怖と魅惑（ボードレール「七人の老婆」）。群集と大地のシンボリズム。だが映画が映画として捉えうる群集はどこにいるのか。

26

追憶のなかで風景はいつも小さく見える。
日曜日になるといつも通っていた社会事業大学。その陰気な大教室に詰め込まれた子供たち。雨が降っていた。壁という壁に貼られていた映画『千里馬』のポスター。

27

旅行におけるユートピアとは、瞬時にして空間を転移し、その差異の印象を肉体全体で受け止めることの爽快感である。エクサン＝プロヴァンスと東京の距離。ベオグラードと東京の距離。義理の父親を包丁で刺殺した一三歳の少年と私との距離。

28

ドノソ『夜のみだらな鳥』。三日がかりで読み終わる。二つの抑圧空間、修道院とボーイの天国。語り手は次々と変身する。最後に全身を包帯で巻かれ、九穴を封じられ、包みそのものと化して冥府へと回帰する。山上たつひこ[*25]との類似。

29

宇宙は暗黒の星辰の彼方にあるのではない。今、私の目の前にあるコーヒー皿、辞書、窓の向こうに見えるさまざまに奇妙な物体、それらすべてに存在を許している空間、空間に横たわる諸関係……それらをすでに宇宙と呼んでしまって、どこにいけない理由があるだろう。

30

シャーロット・ランプリング『さらば愛しき女よ』。彼女の美しさはラファエル前派の稚拙な油絵から抜け出た、病気の女のそれだ。痩せて長い首。よく眺めているとそのグロテスクに気がつく。

31

悲しみの過剰は笑う。
悦びの過剰は泣く。

ブレイク

32

溝口健二『山椒大夫』。山から谷へと逃げ延びてゆく厨子王を追うカメラが、あるときわずかだけ地上から背伸びをして、谷間の全体を俯瞰する。最後に老いたる母親と再会する、荒れた浜辺の小屋。海草を拾う村人との対話から、母親のいるところまでの大規模なクレーン移動のすばらしさ。およそ世界が終わるとしたら、このように終わるべきなのだ。銀座並木座を出ると、少しく雨が降り出す。

33

幻想物語はなぜ二〇世紀において衰退したか。カイヨワによれば、科学との相補性によって決定付けられてきた人間の想像力の布置が変化してしまったためである。トドロフによれば、文学が、文学としてあることの矛盾的な性格に目覚めてしまい、現実／非現実という言語学的な分割を否認するようになったためである。それでは藤枝静男のような場合はどう考えればいいのか。

34

谷川雁を再読する。彼の説く「原点[*26]」は、レオナルドの「巌の聖母」や東洋の水墨画、老子の谷神不死のイメージとともにある。冷ややかな水とそれを取り囲む岩、照らし出す月の光とともに立ち現われる。この原点から熱、炎、赤、否定／運動という世界の運動が展開し、世界と原点との絶えざる往復運動（発展と凝縮による再生）によって、世界それ自体が変革されてゆく。「天山」は優れた詩だ。谷川の政治思想とそのイメジャリーがどう関係しあっているのかを考えること。バシュラールの復習が必要。

35

新宿のアートヴィレッジに三本立てを観にいく。客は少なく、休み時間にはコルトレーンが流れている。新宿がかつてアンダーグラウンド文化の中心であったころの雰囲気が、まだここにはある。

『裁かるるジャンヌ』。ほとんどクローズアップのモンタージュだけからなるフィルム。サイレント時代に、単なるトリックでもパントマイムでもなく、深く彫琢された思想を描くにはどうすればいいのかという問い。この作品はギリギリのところまで、この問いに肉迫している。人物の入射角と反射角。ジャンヌは眼を見開き、なかば恍惚とした表情で上方を向いて語る。ときに画面の右上から上を、すなわち世界の果てを見つめる。彼女に対する裁判官と僧侶たちは醜悪な皺と老獪な表情でジャンヌを見下ろす。カメラは彼らを少し下から見上げることで、その傲慢を写し出す。アントナン・アルトーの若い誠実な修道士。以前ゴダールの『女と男のいる舗道』で、ナナがたまたま入った映画館では、アルトーとジャンヌの対話の場面が引用されていた。ジャンヌの崇高なまでの美しさ。黒き悲しみの美しさ。

36

プルースト『スワンの恋』を読み終わる。シャルル・スワンという人物に対する共感。プルーストでは、暗闇→目覚め→光という転換は、モノの形がしだいに明確になり一定のものとして凝固する過程である。つまり形態をめぐってさまざまな可能性があったものが、次々と排除されてゆく、最後にひとつに決定するという運動である。冒頭の語り手の夢想において、それは否定的な陰影をもち、ヴァントゥイユの小楽節において肯定的な雰囲気をもつ。

37

増村保造『大地の子守歌』。とても感動する。これは宗教的な感動である。さながら現在の説経節であるがごとし。聖ジュリアン[*27]のように汚れきった者を平然と舟に同乗させる岡田英次の牧師。何よりも原田美枝子がすばらしい。増村はヒューマニズムを採らず、彼女の肉体を通して力強く生の讃歌を描いた。砂浜の場面。はじめて海を見たときの感動。それも絵葉書の海の美しさとはまったく異なった海。

38

マルクス・アウレーリウスの『自省録』。いつかこの書物を読むたびに、昨年のSFゼミのクリスマス・パーティでの由良先生の話を思い出すことだろう。

39

K.T.が昨月、高井戸のマンションから投身自殺をしていたことを知らされる。今日、彼の母親からの電話を母が受け取ってそれを聞いた。葬式に行けなかったことは無残なことだった。昨年同じマンションから投身した大学教授と懇意であったらしく、その死をどうしても許せないといって神経を病んでいたらしい。軽井沢の別荘にいるからぜひ来てほしいと、わたしの弟を強く誘ったのは、孤独のなせるところだった。
朝起きてみると、雪が静かに降っていた。昼すぎまで降っていたが、やがて止んだ。

40

ストラヴィンスキーの『春の祭典』。つねに変化してやまないリズムとイメージ。音の一つひとつに色彩があって踊っている。これがニジンスキーの初演したバレェ音楽だったのだ。空間は細分化され、音は断ち切られどこまでも連なっていく。

ストラヴィンスキーとシェーンベルクの相違は、ユングとフロイトのそれだといったのは、誰であったか。なるほどシェーンベルクの屈折の多い、人の神経を苛立たせ、不安に陥れる感じは、体質的にフロイトの説いた、抑圧されたものの突然の噴出を連想させる。一方、ストラヴィンスキーに見られる大地の供犠と世界の再生、古代の春への憧れは、ユングの『リビドーの変遷と象徴』の主題である。しかもこの二組の人物たちは、まったく同じ時代を生きていたのだ。

41

フーコー『知への意志』が抄訳され『海』に掲載されていたので、さっそく読む。かつて『ディスクールの秩序』で説いたように権力を分割と排除の装置としてみるのではなく、より別のものとして捉える。これは理解しなければならない。

私たちはけっして真理を求めたいのではない。何者か（権力と呼べるか？）によって、真理を求めることを強いられているだけなのだ。

42

『地球ロマン』編集室にて会合。明治期の神智学の受容とその変容の過程についての討論。

明治維新の後、日本は西洋文明をその合理的側面において吸収消化しようとした。しかし西洋の合理主義の裏側にあり、その前提として横たわっていた非合理的なもの、東洋への憧憬もまた、同時に日本に輸入されているはずである。それは日本に以前からある非合理的思考と、どのような接触をもちえたのだろうか。

ナチスにおいても、大本教においても、集合的無意識の内に抑圧された神々、つまり周縁に象徴的に封じ込められた神々が、世界が混沌の呈をなしているときに復活する。ナチスはそれをゲルマン・ルネッサンスと呼び、大本教は国津神の天津神への叛乱と捉えた。両者をどこまで比較して考えることができるだろうか。

43

喩。大海を横断する汽船どうしがまったくの偶然からすれ違うことがあるように、プルーストの膨大な長編のなかに、わたしはある言葉を発見する。ヴァントゥイユの小楽節についてのスワンの反応の部分である。中学の終わりごろ、わたしはこの言葉を拾い出した。後にそれが、かなり遠ざかったところでもう一度反復されていることを、今日発見した。

44

アテネフランセでブニュエルの『忘れられた人々』を観る。不具者たちが少年たちに次々と暴力を振るわれる。弱い肉体をもっているだけで、虐めの対象となるのだ。見終わったとき、高橋睦郎そっくりの男が客席にいた。たぶん本人なのかもしれない。帰りに神田でエルンストの『慈善週間』を安く入手する。永遠に未熟の巨匠。声を殺してしまった無声映画のような光景が続く。

45

ブニュエルの登場人物は誰一人として、自分の悲惨に気づいていない。『ビリディアナ』の聖少女がいい例だ。そして他者を救済しよう、自分もまた救済されようという願望は、けっして成就されない。誰もが救済の途上で自分の現実に気づき、現実から一歩も抜け出ることなどできないとしたたかに思い知らされる。そのとき彼らは一様に苛酷な自己幽閉(肉体の、地位の、精神の)へと向かい、ついには退行と畸形化の道を辿る。ブニュエルほどにブレヒトと無縁の演出家もいない。『忘れられた人々』はけっして社会問題を提案しないし、観客に意味の創造(という労働)を求めたりもしない。

46

十字架に唾をかけることとは、救済を諦めることとだ。だがそれは、地獄に堕ちることとを快いと思うことではない。さらに深い意味で救済を渇望することだ。救済の希望が断ち切られているにもかかわらず、なんとか力を尽くして受難の恩寵を信じることだ。しかし救済を渇望して十字架に唾する者も、単なる勝手から唾する者も、どこに違いがあるというのか。これを悦びのことに認める者は、イエスとともに悩んでいるといえるのか。

47

救済を望み、努力ゆえに救済の不可能を思い知らされる者と、はじめから救済など心に思い描かないがゆえに、その構図に当てはまらない者。ブニュエルの描く人物たちは、けっしてみずからは攻撃をしかけない。ただ自分の現実に忠実なだけである。

48

フェチシズムとしてのカメラ。ブニュエルは単に身体の一部、たとえば指や足を執拗に描くばかりではなく、普通の人間の身体をあたかも分断された指や足であるかのように描いてみせる。

49

クロソウスキーの図式。語ることと見ることとの平行性。肉体／言語。語ることは純粋であるが沈黙は不純であるとは、どのような意味か。その逆は？　ポルノグラフィーとは反復の問題である。『バフォメット』では、神の秩序による、ひとつの肉にはひとつの霊pneumaが宿るという形態が崩れ、ひとつの肉体にいくつもの霊が宿ったり、人間の自己同一性が崩壊してしまう。神の死とは自我の崩壊なのだ。ニーチェは晩年の手紙で、自分がイエス・キリストであり、ディオニソスであり、シェイクスピアであり……といった、無限に連なる霊の連鎖を、ただひとつの肉体によって受け止めてみせた。

50

松田修『蔭の文化史』に書かれている、江戸時代の盲人の位階制度。それはなぜかくも厳密に設定されていたのか。盲人が盲人であることの神話的脅威を、権力が何とか軽減させ拡散させて、日常の秩序空間に回収するため。「われわれ」にとっての名付けられぬ存在であることを止めさせるため。一般人の社会の身分制度の摸像（ただしそれが真性のものでないのは、金銭によって下から上への移行が可能であったため）として、六八もの段階に盲人は階級を分けられていた。名付けること。分類すること。秩序付けること。松田のこの指摘をフーコーと接続できれば面白いだろう。

51

サド『食人国旅行記』。この小説は『アリーヌとヴァルクール』の第二部である。全体が二つの国の旅行記と哲学的叙述に分かれ、鏡のように対称をなしている。いずれの議論においても自己の同一性は「自然」という語に根拠付けられている。

「自然が創り出すものはかならずしも有益ではない。にもかかわらず一切が必要なのだ。だから俺が人類に対して悪人でありながら、しかも自然に対して永遠に善良であることも、けっして不思議な理屈ではない。」

サドにとって旅行とは、哲学的言説を導き出すための方便にすぎない。ひたすら退屈。

52

エリアーデ『ムントゥリヤサ通りで』。二つの時間の層。老人の語る民衆的次元のなかの、時間のない記憶。もう一方に、スターリニズム官僚の生きる現実の直線的時間。後者は前者を裁断しようとして、不首尾に終わる。これは『永遠回帰の神話』の魅力的な絵解きである、エリアーデを折口信夫に喩えることの可能性。

53

バルト。もっとも効果的な既成価値の転覆とは、コードを直接的に破壊することではなく、むしろそれを畸形化させること、歪めてしまうことにある。[*28]

ディドロ。そもそも男は女の畸形であり、女は男の畸形である。ディドロはまったくわからないが、ただ非常に面白い。

54

ユートピアではなぜエクリチュールは消滅に向かうのか。時間が廃棄され、媒介物がことごとくなくなってしまった社会。永遠の現在を声voixが司る。不在と非真理、想像力を醸し出すエクリチュールは、そこでは不必要であり、禍禍しい存在なのだ。それは排除されることになる。スウィフトの第四旅行記。フーリエ。サドの食人国でもしかり。

55

私の生にはもう始まりも終わりもなくなってしまった。時間は体内をめぐるが、私はもはやその恵みを受けない。人は誰しも守護天使のようなものをもたなければならない。自分と同じ質量からなり、同じ時間のうちに死滅するのではない存在を、つねに見つめていなければならない。陽だまりのなかの微笑。ふいに話しかけてくる人影。

56

ブニュエル『トリスターナ』。観るたびにすごい映画だと思う。
選択のテーマ。街角に立つ柱のなかから一番気に入ったものを一本だけ選ぶこと。皿の上の豆を二粒摘まみ出し、一つを先に食べること。三叉路でどちらに行くか迷うこと。ドヌーヴの何気ない動作がひどく気になる。

この作品のなかでただ一人、明るい光を当てられているのは、下女サトゥーリア(何という興味深い命名)の息子の白痴で聾唖の少年である。主人公たちがみずからの悪夢に呪縛され凋落してゆくなかにあって、彼だけが単純ではあるが自分だけの世界を所有し、その世界のなかで解放されている。しかもそれは不具という肉体的特徴によって、囲い込まれている。

『トリスターナ』は心理主義を拒む。なるほど問題となるのはヒロインの父性への憧れをその破綻から導き出される憎悪であり、愛の躊躇いである。だがブニュエルがより関心を抱いているのは、トリスターナみずからがそこから永遠に逃れ出ることができない宿命にあるという事実だ。閉じられている意識。結末部における、フィルムを逆回転させたように急ぎ足のフラッシュバック。これはヒロインの内面における回想なのではなく、フィルム自体が一冊の書物であるかのように、始めに向かって閉じられていくのだ。老人たちは肉体が衰え、日ごとに死に近づいてゆく。彼らはココアを飲みながら、身体の不調のことしか話さない。一方廊下ではトリスターナが片足(限定された身体が精神を封じ込める)で歩く練習をしている。このコツコツという音が、あたかも人格化された死のように老人たちの会話に挟み込まれる。

57

ナボコフ『マルゴ』。魅力的な宿命の女。無声映画のドタバタが随所に詰め込まれている。アンナ・カリーナで映画になっているのを観てみたい。[*29]

58

井の頭公園の裏にある画廊で曼荼羅の展示を見る。外部と内部。胎蔵界の溢れるような空間の豊饒。一つの中心へと求心しまた遠心してゆく力学。それに対して金剛界は抽象的装具の記号化が著しく、中心への志向が明確ではない。無限に多元的な閉鎖空間が並んでいる。この二つの世界を簡単に女性的、男性的と裁断することはできない。

何よりも重要なのは、世界を曼荼羅として見ることだ。そのように想像してみることだ。曼荼羅のもっとも外輪に描かれている化生妖魅異神のたぐいをも、一つの平面の上で捕らえるという視点を獲得しなければいけない。

59

笠井叡『ティアマット』公演。新宿朝日生命ホール。以前に比べてユーモアが感じられた。第一幕は真赤な上着、白いマフラーとパンタロンという道化師の衣装。ぐにゃぐにゃ、ぴりぴり、節目が折れるような動き。コミック性。第二幕は紫の長いワンピース。老娼婦という設定か。安寿と厨子王の母親を思い出す。カルメン、それから箒を手にした魔女も。

第三幕はエピローグ。彼は真っ白な上下で『白鳥の湖』を踊る。

ティアマットはオリエントの大地母神。さまざまに変化する。

60

山口昌男の王権論[*30]によれば、社会の中央に象徴的に位置する王は、必然的に周縁の存在を排除する。この貶められた領域にみずから赴き、道化の身振りを通して周縁を中央へと逆に回収していくのが、王子の機能とされる。スサノオからヤマトタケルまでの神話の系譜。

だがなぜ世界は、象徴的次元においてこうした異化↓同化(回収)の物語を際限なく繰り返さなければならないのか。この物語にとって重要な機能であるスサノオとヤマトタケルは、ともに贖罪の山羊である。彼らは異化↓同化の物語の実現のために、異化↓排除という転落の道筋を辿る。だがわれわれはいつになったら、この山羊の物語から解放されなければならないのか。

61

未知なるものに興味を示さなくなったり、それに怯えたりする人々。みずから築きあげた狭い秩序に固執する人々は、神経症の徴候を示している。人間はつねに開かれた存在でなければいけない。ミンコフスキーは精神分裂病を、もはや音を鳴らすこともなくなり、ゆえに思考を実らせることもなくなった冷たい瓶に喩えている。

62

自己同一性の内側に安住してしまうことの幸福と恐怖。曼荼羅の円環をめぐる憎悪愛。円環を作ってはまた破壊する。複数の円環を作ることは多元論である。ゴンブロヴィッチの説く、成熟することへの恐怖。[*31]

世界を曼荼羅の原型に基づいて肯定するには、どうすればよいのか。

曼荼羅の中心から周辺へ、視線は往復運動を繰り返す。観想すること。外殻にうごめく異形のもの、悪鬼邪霊から、中央に鎮座する諸仏までのすべての存在を肯定すること。世界はつねに回転し自足している円輪である。

円環の内側と外側。いずれがより神聖であるのか。外部から侵入する異形の存在をどうにかして内側に取り込み吸収消化する力が、コスモスに再生を、円環都市に平衡をもたらすのか。それとも『ヨハネの黙示録』が説くように、カオスのなかに打ち立てられた円環こそが、聖なる宇宙であるのか。二年前からこの問題が解けないでいる。

63

ユングにおいてヨーロッパの伝統的思考はある不思議な完成に至る。[*32] 阻害されたヨーロッパの自己を深層において回復し、殺された神を再生させる。喪失された中心をもう一度発見する。プラトニズムに基づく知の（楽天的な？）系譜。ユングがどこかで回避してしまったニーチェ。最後にユングはヨーロッパの知の総体を踏まえた上で、東洋的なるものへと向かう。

ドゥルーズの試みとは、こうしたプラトニズムの自己のあり方への過激な異議申し立てであり、深層の拒否、自己の分裂、シニフィアンの回転による、ヨーロッパ的思考の制度への告発である。表象に対して生産が、劇場に対して工場が躍り出る。[*33]

64

世界に生起する事件を原型に基づいて観察し、体験する方法。つねに回帰する同一性を確認し、対象どうしの間に見えない類似を読み取る。

もう一方に、それとは正反対に、つねに万物の差異を読み取り、対立を発見する思考。

それはあらゆる神話を拒否する。

65

ある人々は人生のすべての出来ごとを処女として体験する。苦痛に対してどう振舞っていいのかわからない、その苦痛をあるがままに引き受ける。[*34] 足元を潜り抜けてゆく水は、手に結ぶことができない。彼らは人生から何も学ばないだろう。未来は祭壇の掲げられた山羊であり、成熟とは彼らにとって破滅の条件である。

だが多くの凡庸な人々はより聡明だ。経験とはまず学ぶべき何物かであり、玩具箱から避妊処理まで、過去の体験の連鎖が彼らを変える。みずからを変態してゆく昆虫に喩えることの悦び。成熟とは欲望の帰結である。訪れてくる苦痛に対してはただちにゲシュタルトの枠組みをあてがい、過去は嚥下するべし。未知から身を守るにはこれが最適の方法だ。行為は生活の神話のなかで硬質化し、思考は制度のなかで定位づけられる。

66

「その『不吉』な面も、並外れた空虚さも、彼女は目に留めなかった。彼女のなかには驚嘆すべき無への意志があったのだ。おそらくそれが、彼女の作品を忘れがたくさせている天才的な苛烈さの源なのだろう。また彼女自身が過激な形でみずからに課した死への説明でもあるだろう。[*35]」

肺を病み、占領フランスの窮乏を嘆くあまりに、ロンドンでほとんど絶食状態で死亡したシモーヌ・ヴェイユについて、バタイユが投げかけた花束には、心を打つものがある。なるほど飛ぶのは怖い。だがけっして後方を振り返ることなく、世界の一番の絶頂を目指して飛翔することだけが重要だったのだ。たとえ両眼は光熱になかば盲い、魂は錯乱に見舞われようとも、無の冷ややかな海原へ向かうことだけが求められていたのだ。

67

今日では世界のコスモスの境界が、希薄にまた曖昧になってしまった。無の世界からの来訪者である道化は、世界を侵犯することが困難になりつつある。いや、それとも世界全体が知らず知らずのうちに異界と化してしまい、隣人たちも魑魅魍魎と変貌していったのだろうか。

幻想文学が持てはやされた時代には、現実の日常世界と未知の異界の間には明確な境界線が引かれていた。神、あるいは超越的主体、反省する主体が秩序づけている空間と、その陰にあって非合理的な闇が支配する空間は、峻別されていた。理性の光源から円環の上に広がる優雅な世界。光と闇の二分が、道化の跳梁する幻想文学を流行させた。だが二〇世紀はこの二元論をしだいに曖昧にしていった。現実と驚嘆すべき幻想世界という図式は廃棄された。カフカの短編が優れているのは、悪夢から醒めてみても相変わらず世界には悪夢が続いていることを指摘した点である。生きられた現実を生きることがすでに幻想的体験となってしまった。誰もが不吉なアルルカンの表情を纏うにいたったのである。

68

私の内なる、円環の破壊。
卒業論文の観念性。破棄すべし。
全体的なるもの、統合的なるものへのボードレール的嫌悪をつねに想起しなければならない。円環とはつまるところ多角形にすぎないと、彼は喝破した。
すべてを統合せんとする意志に抗うこと。[*36]

69

人間の肉体の先端はどこか。動物のそれは明らかに鼻である。もう一方の先端は、人間に関するかぎり足の親指だ。バタイユの正しさ。[*37]

70

「あらゆる過去は
もうただの古臭い過去だ、転送されて
読み直される郵便物もあるにはあるが。」

オーデン[*38]

71

『コスモス』を読み終わる。集合論。関係付けの理論。混沌にただよう個々の事物を組織してゆく手つき。それにしても異常な世界だ。ゴンブロヴィッチの作品の構造では、一人称以外の存在は許されないだろう。「私、私、私……」続けて『バカカイ』のいくつかの短編も読む。主人公の幼児性。グロテスクにしてノンセンス。まさに信じがたい。

72

空はとても気持ちよく晴れていた。岩波ホールでタルコフスキーの『惑星ソラリス』を観る。緩やかに撮影された、長い尺のフィルム。日本ならもっと速いテンポで作るだろうが、この独自の感じは失われてしまうはずだ。冒頭の沼と古い家屋のある風景。最後に主人公の思念の映像にすべてが重なりあう。それがソラリスの海に浮かんだ幻の孤島だと判明して、はっとする。強い思弁性を映画から感じた。屋外の卓にあるコップや果実に降りかかる雨。果実に集まる虫。会議の最中に、ある発言者の背後の窓の向こうで、突然に羽ばたいてゆく鳥。宇宙ステーションのブリューゲルの絵。遠くに聞こえる犬の声。すべてが美しいと思う。

73

幾枚も幾枚もポスターが貼られ、それが雨風によって捲れ上がり、破れたり、輝が入ったりしている掲示板。街中にあるこうした壁や掲示板だけを素材として、映画が作れないだろうか。岡田史子の「サンルームの昼下がり」をこのプロローグから始めるという着想。

第十章

空想旅行の探求

大学院に進んで二年目、一九七七年の秋ともなると、わたしはそろそろ身辺を整理して、修士論文のために精神を集中しなければいけないと考えるようになった。同級生の大半はこの年に早々と論文を書き上げる準備に入っていた。もっともわたしは最初から留年して、修士課程に三年滞在しておこうと考えていた。そこで論文の主題をとりあえず空想旅行記に絞ることに決め、佐伯教授と由良教授に相談に行った。

わたしの当初の目論見は、特定の言語で執筆された文学の枠組みを超えて、人間の空間の移動と造話行為をめぐる類型学を樹立することであった。古代ローマの諷刺物語や日本のフォークロア、神社縁起に始まって、現在の前衛的な小説作品までを包括する物語理論を提案できないだろうかという野心が、わたしを捉えていた。その野心の根底には、ロシア・フォルマリズムから構造主義にいたる物語分析への強い関心があった。そこで日本中世の『神道集』における甲賀三郎伝説、清代に李汝珍《リルチェン》が著わした『鏡花縁』、スウィフトの『ガリヴァー旅行記』、サドの『アリーヌとヴァルクール』、近代のあまたのユートピア文学、さらに今日のSF作品を並置して、その構造を比較してみるという壮大な計画表を作成し、二人の教授に提案してみた。

佐伯さんは、まあ一度にこれだけのことを論文に書くのは無理だから、空中分解しないように対象をもっと絞った方がいいねと感想を語った。由良さんは、現実の旅行記と偽旅行記、さらに虚構作品として最初から執筆された空想旅行記をまずジャンルとして峻別し、その上で三者に共通する語りの構造を抽出できれば論文は成立するだろうと、ニヤリとしていった。そこでわたしは誇大妄想的な野心を抑え、ルキアノスの古代小説と『ガリヴァー旅行記』の比較に焦点を絞ることに決めた。ルキアノスを選んだのは、ミハイル・バフチンがかの壮大なラブレー論のなかで、法螺吹き小説の元祖として彼の対話編や小説にたびたび言及を行っていたからである。わたしは古代ギリシャ語を読むことはできなかったが、ルキアノスには日本語訳が存在していないわけでもなかったし、英語との対訳による西洋古典叢書の助けを借りるならば、未訳のテクストを分析することも不可能ではないと判断した。そこでわたしは第八本館の図書室からハーバート・デイヴィス編によるスウィフト全集を何冊も借り出し、何十冊もある『ガリヴァー』研究書を参照しながら読み始めた。

わたしに幸いしたのは、この図書室に堀大司の蔵書がそのまま収蔵されていたことである。堀は駒場の英語科の教員で、比較文学の大学院が設立されたときに教授としてそれに参画していた。彼はスウィフトを専攻し、この一八世紀の諷刺文学者のグロテスクな想像力を同時代のゴヤと比較するエッセイを遺していた。アカデミズムの厳密な方法論に基づいていたわけではないが、それはある意味で独自の詩的直観のもとにスウィフトの本質に肉迫する文章であった。

生涯を独身で過ごした堀の蔵書は図書室のなかでも特別にシールを貼られてあり、わたしはそれを辿ることで、スウィフトに出発した堀の想像力がどこに導かれていったのかを推測することができた。ポーランドの異端作家ゴンブロヴィッチの『ポルノグラフィア』なる小説を知ることになったのも、「堀文庫」というシールが書物の中扉に貼られていたためである。わたしは何人もの英語の教員から、ありし日の堀大司の逸話を聞かされた。ある者は彼は生肉ばかりを食べていたといい、別の者はその発想の突飛なまでの飛躍を語った。きみもスウィフトなどに深入りすると堀みたいになるぞと、曰くありげな笑いを示す者もいた。だがスウィフトとゴヤとゴンブロヴィッチを同列に並べて思考する比較文学のあり方は、わたしを強く魅惑した。その時点でわたしは、自分が間違っても英文学者にだけはならないだろうと確信するようになったのである。

『ガリヴァー旅行記』を分析するにあたってまずわたしが理論的な枠組みとしたのは、先に名を掲げたラブレー論のバフチンである。大学三年のとき、川端香男里の翻訳を通して読んだこの書物は、わたしが文学と笑いについて、またユートピア的想像力について考えるさいに、まずもって依拠すべき参照項目であった。この書物にすっかり魅惑されていたわたしは、バフチンの他の書物を探した。もっとも一九七〇年代後半の日本はまだ今日のようにバフチンの全貌が明らかにされておらず、わずかに新谷敬三郎訳のドストエフスキー論くらいしか他に翻訳書を見つけることができなかった。もっともそれは日本に限ったことではなく、英語やフランス語の世界においてもほぼ同様の事情であったようである。バフチンはまだソ連のどこかで生きているようだったが、その生涯と理論の全容は知られていなかった。いくつかの著作はスターリン時代に身の保全のため、ヴォロシーノフやメドヴェーエフといった別人の名前で刊行されていた。そこでわたしは微かな情報を頼りに紀伊國屋の洋書部を通して、そうした書物の英訳を取り寄せることにした。それらはけっして読みやすい英語ではなかったが、それでもラブレー論にいたるまでのバフチンの思考の歩みを朧げながらも文面から読み取ることができた。もっともバフチンの著作に深入りしていけばいくほどに、わたしはその笑いの理論がスウィフトに整合しないことを認めないわけにはいかなくなった。このロシアの理論家がラブレーの陽気な哄笑の背後に、ウクライナの農民たちのフォークロアに無上の親しみを抱くゴーゴリを見ていることがしだいに明らかになってゆくにつれ、一八世紀のイギリス植民地であるダブリンで陰鬱な自己嘲笑に耽っていたスウィフトの世界との差異が目立って理解されるようになってきたのである。『ガリヴァー旅行記』の笑いは、ルネッサンス期の『ガルガンチュア』のそれとは明らかに異なり、そこには背筋が凍りかねない冷たさと否定的なグロテスクが横たわっていた。

ラブレーとスウィフトの間には合理主義を標榜するデカルトが存在しており、あたかもかれを分水嶺とするかのようにフーコーの説く「古典主義時代」が終焉を遂げ、近代に特有の悪夢が開始されていた。ラブレーにおいて死はたかだか途上の偶発時であって、つねに陽気な再生を伴い、厳粛なる権威は祝祭を通して相対化されるのがつねであった。だがスウィフトに至ったとき、肉体は否定性の過剰の前に再生の契機を失い、人間は万物の長としての地位から転落して、「大地の皮膚病」として嘲罵の対象となった。人間は死に恐怖するのではなく、いつまでも不死であることで永遠に呪われているのだと、このダブリンの司教は説いていた。ラブレーが敵としたのは教皇に代表されるカトリシズムの権威と不寛容であったが、スウィフトが憎悪したのは近代の植民地主義によるアイルランドの収奪に他ならなかった。

とはいうものの、スウィフトの笑いは、彼を讃美してやまない同時代人ヴォルテールのそれとも大きく異なっていた。そこには鋭敏にして冷笑的なる知性だけからではけっして了解することのできない、呪われた両義性が横たわっていた。ヴォルテールは万事を軽快に冷笑したが、スウィフトは冷笑の主体である人間そのものへの憎悪を隠そうとしなかったのである。あらゆるユートピア的な期待は廃絶され、後には事物と観念が腐敗したさいに見せる独特の臭気だけが残っているのだった。ルネサンスのユマニスムに人間解放の希望を託していたバフチンにとって、おそらくスウィフトは躓きの石であったのだろう。彼は膨大なラブレー論のなかでヴォルテールに言及することはあっても、スウィフトに関しては回避の姿勢をとり続けていた。そしてその困難な地点こそ、わたしがまさに探求のメスを向けるべき領域だったのである。わたしは三年前に執筆した卒業論文が、あまりに多くの事象を満載してしまったがゆえに論理に破綻してしまったことの理由を分析してみた。それを避けるにはまず問題の設定を厳密にし、論文全体の骨組みを強固にしておかねばならない。そこでまずスウィフトに先立って、文学的ジャンルの変遷について理論的に勉強しなければならないと思い、ユーリー・トゥイニャーノフとノースロップ・フライのジャンル論に赴いた。前者は複数ジャンルが歴史的に対立競合して発展する力学について論じ、後者は曼荼羅に似て共時的な発想のもとに、ジャンル間の補完的な関係を分析していた。

わたしはこのまったく対照的な二つのジャンル論的思考を見据えることで、スウィフトの諸々の先行者の問題はある程度まで処理しうると考えた。そこで次に『ガリヴァー旅行記』の解釈史に眼を向けた。一八世紀の初めに匿名で出版されて以来、二五〇年ほどの間には夥しい数の解釈と研究がなされていた。そのすべてに当たることは時間上不可能であった。そこでわたしは主だったものだけを取り上げ、解釈の類型学を試みた。構造主義以降の文学理論に接していたことが、この際に役に立った。わたしは作品を作者の伝記的参照物に還元してしまう立場からも、それをキリスト教的イデオロギーの寓意的表象や特定の政治的事象へと帰着してしまう立場からも対等に距離を取ることができ、ひとたび実在の作者の存在にエポケーを施すことで純粋にテクストだけを分析できるように準備を整えた。文学的ジャンルの文法のなかで『旅行記』が提示している特性を測定し、それを歴史的に評価するという基本的姿勢が、こうしてほぼ確定されることになった。ラブレーではなくルキアノスこそがその際、もっとも重要な参照項目となることになった。

『ガリヴァー旅行記』は一般的には子供向きの童話のように思われているが、実際に読み込んでみると黒い諧謔と絶望に満ちた、危険な書物である。第一の航海、矮人国への旅にあっては、主人公のガリヴァーは明朗にして好奇心に満ちた青年である。だが次の航海、巨人国への渡航のときにはさまざまな屈辱を体験し、肉体のグロテスクに辟易する。彼は巨人たちの前で卑屈なまでに祖国を罵倒してやまず、精神に半ば異常を来たすかのようにしてイギリスへ帰還する。第三の航海は日本をはじめとする諸国漫遊であり、もっとも軽妙に書かれている。だがそこで浮かび上ってくるのは主人公の虚言癖であり、生への嫌悪感である。最後の馬とヤフーの国への航海はもっとも難解なもので、さまざまに解釈が分かれている。この国に滞在している間にガリヴァーは人類への深い嫌悪に捕われてしまい、祖国に帰還するや隠遁生活に入ってしまう。『旅行記』の全体は、この隠遁の時期に執筆された絶望の書という体裁をとっている。一般の物語では、主人公は航海を重ねるたびに通過儀礼の階梯を昇り、より統合的で完成された人格へと向かうものだが、ことスウィフトにあってはすべてが逆で、前途洋洋たる未来をもっていた青年医師ガリヴァーは、最後には誇大妄想の狂人として終わるのだ。

わたしは『旅行記』を構成している要素を、細かく腑分けしてゆく作業に入った。肉体の描写はどのようになされているか。語る行為の信憑性がどこで破綻し、作者が語り手のガリヴァーをいかに弄んでいるか。主人公が旅先で次々と遭遇する、人間にあらざる他者は、主人公の自己同一性にどう関わっているか。語り手は何を隠し、何を偽って報告しているか。彼ははたして人肉を食らったことがあるのだろうか。細かく読み進めていくうちに次々と湧き上がってくる疑問を、わたしは一つひとつカードに取り、主題別に分類していった。だが少しでも油断をすると、たちまち作者の仕掛けた罠にかかって、奇怪な韜晦術に操られてしまうのだった。

このことを示すためには、冒頭の一頁を拡げるだけで充分である。そこでガリヴァーはみずからの出自と経歴とを簡潔に語っている。そのなかに、「自分はロンドンのベイツ先生のもとで学んだ」という一行がある。これは原文ではMaster Batesであり、当然のことながらmasturbate

とほとんど同じ発音となる。したがって読み方によれば、「ロンドンではオナニーばかりしていた」という意味になってしまう。二〇世紀に過激な言語実験を重ねたジョイスは、同じダブリンに生きたスウィフトにしばしば言及しているが、彼らは言葉に真の意味で隣人なのである。万事がこんな調子で、曰くありげな語呂合わせがいたるところに仕掛けられているのだから、スウィフトの意地の悪さに驚嘆しないわけにはいかない。ともあれこうしたカード作りに邁進している間にいつしか一九七七年は過ぎ、七八年も夏が終わることになった。

この年の秋、いよいよ実際に論文の執筆に入る段になって、わたしは信州の野辺山に籠《こも》った。実現はしなかったがある映画祭のプログラムを作ったことがきっかけとなり懇意となった人物が、八ヶ岳にある山荘を貸してくれたのである。わたしはトランクに一杯のカードと何冊かのスウィフト全集、それに気分転換のためのチェスの指南書を携えて、吉祥寺から中央線に乗った。野辺山は中学校のときにいくたびか合宿したことがあり、日本一高地にあるという鉄道駅には見覚えがあった。わたしは電話もテレビもない、俗界から隔絶された山小屋に閉じこもると、文字通り昼も夜も大学ノオトに細かな文字を走らせた。九月も終わりとなると小屋の周囲は霧で覆われてしまい、寒さを感じるようになった。昼間にときおり人の声がするので出てみると、近くの別荘の住人が茸狩りをしていた。それ以外にわたしを外界と結びつけるものは何もなかった。わたしはただひたすらに書き続けた。

二ヶ月近い時間を山で過ごしたわたしは、一〇月の終わりごろに東京に戻った。論文はほとんど完成していたが、図書館を訪れて細部を点検し補塡する必要があった。一二月に入ってそれはようやく完成した。四冊のノオトにびっしりと書き込まれ、何十枚もの紙片をホッチキスで綴じ合わせた全体が、一体どの位の分量になるのかは見当がつかなかった。最後にそれを原稿用紙に清書する必要があった。とうてい一人ではその作業を締め切りまでに終わらせることができないだろうと踏んだわたしは、友人たちに助けを求めた。西成彦、野村正人、平野共余子、松浦寿輝といった、映画同人誌の仲間たちがただちに駆けつけてくれ、それでも追いつかないというので、高校時代の友人たちにも加勢を頼んだ。毎日八時間ずつ、三交替制で作業が行われ、一週間ほどして清書がようやく完了した。いつ目が覚めても誰か数人が黙々と机に向かっているというそのさまは、どこかしら流行漫画家の作業現場を連想させた。わたしは論文に「ジョナサン・ソフィスト」という題名をつけた。プラトンに先立って虚言を弄し、言語の表層に遊んだ哲学者たちの名前をスウィフトに引っ掛けてみたわけである。信じられないことであったが枚数は全体で六八〇枚に達しており、製本所から届けられたときそれは三分冊になっていた。

二年間をかけてこの大部の論文を執筆したことで、わたしは少なからぬことを学んだ。一つは文学理論なるものに対するさいの態度である。それまでのわたしは徒にさまざまな理論を読み齧り、それが対象を分析するにあたってどの程度まで有効であるかという問いを前にして、ひどく性急であった。だがバフチンの祝祭理論はそうした器用な応用を許すにはあまりに巨大すぎ、さながら一つの世界観の天蓋を形成しているように思われた。畢生のラブレー論の深奥に踏み込んでいったとき、わたしはそれが恐怖政治の逆境にあって偽装と韜晦を旨とする作者によって初めて可能な著作であることを、次第に理解するようになった。バフチンは不寛容の時代に生まれて、同じく不寛容な時代を生き延びたラブレーへの共感をそこで告白していたのである。外国文学研究とはその意味で彼にとって周到な戦略であり、隠れ蓑とすら呼びうるものであった。多少なりともこうした事情を想像できるようになると、したり顔をして彼の方法論だけを純粋に他の対象に応用することは軽率のそしりを避けられまいという気持ちが強くしてくるのだった。もっともそうでなくとも、バフチンの方法はどこまでもラブレーを対象としたときにこそその見事な切れ味を発揮するものであり、それから二世紀後に生まれたスウィフトにそのまま適用するには多分に無理があった。わたしは探求の途上で当初に手にしていた方法を改訂し、また他の方法論と接木して新しい理論を手作りで拵えなければならなかった。これはいい方を変えてみるならば、純粋状態におかれた抽象的理論など文学研究においてはほとんど意味をなさないという真理を、思い知らされたともいえる。わたしは戦場では刀は研ぎながら用いるものだという、古くから伝わる戦陣訓を体験的に教えられた。それは後々までわたしの座右の銘となった。現在のわたしが、理論のための理論を抽象的に論じることに懐疑的であるとすれば、それはこの修士論文執筆のときの体験に基づいたものであるといえる。

もう一つわたしがこの二年間で学んだのは、ある芸術的テクストをそれに限定して、あたかも展翅板に止められた蝶のように分析するのではなく、それが帰属している集合、あるいはジャンルの現象として理解するという姿勢である。これは文学ジャンル自体を一つの巨大な作品体と見なすことをわたしに可能にした。一〇年ほど後にわたしは古代インドの叙事詩『マハーバーラタ』の演劇化について書物を書くことになるのだが、近代以降に成立した作品という概念を越えて、ある時期にある言語で書かれたすべてのテクストを包括する収蔵体《アーカイヴ》として言語テクストを統合的に理解することができたのは、スウィフト読解のときの体験が影を落としていたといえる。ジャンルという考えはその後もわたしを捉えて離さず、現在でもアジア映画におけるローカリティを分析するときにきわめて重要な示唆を与えてくれている。

修士論文の審査は一九七九年二月に行われた。もしそれに合格すればわたしはそのまま博士課程に進学し、秋からオックスフォード大学に留学しようと計画を立てていた。イギリスはおろか、外国に旅行したこともなかったわたしにとって、それは大きな転機となる予定だった。ロンドンにかつての女友だちが住んでいたことも、わたしの心をオックスフォードへと向かわせた原因の一つだった。

論文の審査はいとも簡単に終わった。比較文学の学科に属する四人の教授に加えて、本郷のロシア文学科から川端香男里教授が特例として招聘され、わたしの論文に目を通してくださった。バフチンのラブレー論のそもそもの翻訳者である川端先生に自分の書いたものが読まれると知ったとき、わたしは少なからず緊張したが、それは奇貨とすべき幸運であった。彼は後になってわたしに、「あの大変に長い論文を読みましたよ」と苦笑しながらいった。

審査の席では論文の細部に関して、さぞかし立ち入った質問がなされるのではないかとわたしは準備していたが、そのようなことはほとんどなかった。五人の教授は、「憂鬱」の「鬱」という漢字が間違っているとか、註のノンブルに間違いがあるといった指摘を口にするばかりで、スウィフトの内実に踏み込んだ質問を期待していたわたしは、いささか拍子抜けした。ただ一人、阿部良雄教授が最後に題名の意味を説明するようにとわたしに尋ねた。「加藤郁乎の詩にあった言葉です」とわたしが答えると、彼はわが意を得たりといった表情を見せた。『荒れるや』を書いた詩人は、彼の古い友人であったためである。

論文提出のさいに憶えているのは、来年からは修論には枚数制限を設けなくちゃいけないなと、芳賀徹教授が新年会の席上で冗談交じりにいったことである。当時、比較文学の大学院では修士論文は一〇〇枚から一五〇枚くらいが常識であるという暗黙の了解があった。わたしはその慣例を当初から無視して、その五倍ほどの分量のものを提出したのだから、そういわれても仕方がなかっただろう。だが論文を書き上げたばかりのわたしはひどく昂揚しており、バフチンの論文に比べればこんなもの短編にすぎないではありませんかと、傲慢にもいい返した記憶がある。ともあれわたしは無事に面接試験に合格し、博士課程に進めることになった。

修士論文に手を入れて公に発表するということは、一九七〇年代の比較文学の大学院ではまだ一般的なことではなかった。ただ教授の強い推薦を受けた論文の場合には、研究室が一年に二回刊行している、紀要に近い雑誌にその一部、あるいは要旨が掲載されることがあった。もっとも論文の全体が単行本として刊行されるという例はきわめて稀ではあったが、まったく存在していないわけではなかった。わたしのスウィフト論の場合には、きわめて幸運なことに、それを出版したいという版元がただちに登場した。映画の同人誌の印刷をお願いしてもらっていた七月堂である。また別の大手の出版社からは、論文の英語の部分をすべて日本語に直し、よりわかりやすく書き直してくれれば新書として刊行してもよいという申し出があった。だがわたしはそのどちらの話も断ってしまった。というよりより正確にいうならば、七月堂に対して、現時点の論文では満足がいかないから、納得がいくまで書き直してから出してほしいと返事をしてしまったのである。

わたしはなぜ書き上げたばかりの論文を刊行することに躊躇したのだろうか。答えは簡単で、執筆が半ばあたりを過ぎたあたりから、自分でその論文の限界が予感されてきたためである。論文の審査が終わった時点でわたしの思いはほぼ確実になった。これではいけない。自分はまだ『ガリヴァー旅行記』をめぐって最終の言葉を口にしてはいないという気持ちが抑えきれなくなり、現時点で中途半端なものを江湖に問うことに躊躇の念を抱くに至ったのである。このことはキチンとここに記しておいた方がいいだろう。

わたしの『旅行記』論はまず前提として、作者であるスウィフト本人の実存的存在を回避し、文学ジャンルの大きな文脈のなかで作品の発展的特性を検討するという立場を取っていた。この場合、作者がイギリス人でありながらも大英帝国の最初の植民地であったアイルランドのダブリンで生涯を送り、イギリス側の搾取収奪に強い怒りを感じ、それを作品のなかに持ち込んだといった事情はまったく言及されないままに終わってしまう。それはもとよりわたしの意図したところであった。この二五〇年間に執筆された夥しいスウィフト論が、何よりも作者の道徳思想と政治諷刺の源泉の探求に拘泥してきたことにわたしは充分に飽き飽きしており、こうしたクリシェから解放された地点でテクストの読みを成立させてみたかったのである。だが完成した論文を読み返してみたわたしは、そこにはなるほど精緻になされた分析こそあれ、テクストの背後に控えているイデオロギー批判の部分がきわめて脆弱ではないかという思いに捕われてしまった。これは所詮は安全地帯に身を置いた優等生のレポートではないだろうか。わたしは一八世紀のダブリンで知識人としてきわめて困難な場所にあったスウィフトと、二〇世紀前半にスターリンの恐怖政治の下で巧みに自己韜晦をして生き延びたバフチンのことを想起した。彼らがエクリチュールに賭けた重みと戦略とを、わたしは何一つ共有していないのだった。テクストだけを自立したものと見なし、それを生み出した文脈から切り離して論じるというだけでは、バフチンからロシア・フォルマリズムへと、時代を逆行してしまったのも同然ではないだろうか。

莫然としたこの思いは、エドワード・W・サイードが著わした二つのスウィフト論を読んだときに、より明確な形をとることとなった。わたしはまだ、その前年の一九七八年に刊行されたばかりの『オリエンタリズム』の存在を知らなかったし、ポスト植民地主義研究が文学研究の最前線に躍り出てくるにはさらに一〇年以上の時間が経過しなければならなかった。とはいえ彼が纏めた『世界・テクスト・批評家』という批評集に収録されている、知識人としてのスウィフトを取り上げた論考を読んだときには、自分のスウィフト論に欠落しているものが何であるかを明確に指摘されたような印象をもった。それは一言でいうならば、あらゆる言説を永遠の相の下に論じるのではなく、それが発語された瞬間のアクチュアリティに基づいて捉え、その意味を問い質すという姿勢であった。サイードはスウィフトの著作が意図的に言説のジャンルの秩序を撹乱させ、政治的にきわめて緊迫した状況において成立してきたことを強調し、スウィフトという主体を通して知識と権力、そしてエクリチュールがとりなす関係を生々しく描写していた。後にわたしはコロンビア大学でサイード本人の謦咳に接し、この姿勢が彼に本質的なものであるばかりか、彼が執筆する知識人論やパレスチナ論にまで一貫していることを知るようになるのだが、それはまた別の物語である。

ともあれわたしが修士論文に不充分なものを感じ、それを根底的に書き直すか、それとも長大な追記を加えないかぎり刊行すべきではないと判断したことには、こうした事情が横たわっていた。何人かの人がわたしの逡巡を理解できないといった。今の時点で著書をもつことは、やがて到来するであろう就職のさいに業績としてきわめて有利なはずだというのが、彼らの主張だった。わたしはその意見をもっともだと思ったが、だからといってみずから不満を抱いているテクストを公開する気にはとうていなれなかった。結局、このスウィフト論はそれから一七年の間、本棚の片隅に放置され、一〇〇枚ほどの序文を加えることで、一九九六年にようやく七月堂から刊行された(『空想旅行の修辞学』)。七月堂主人であった木村栄治さんが気長に待ってくれたからこそ可能となったことであり、彼に感謝しないわけにはいかない。序文のなかでわたしはサイードに示唆され、ポスト植民地主義の思潮を視野に入れながら新しいスウィフト像を提示しようと試みた。その試みはまずは成功したのではないかと、現在のわたしは自負している。奇しくもこの一七年という歳月は、われらが主人公であるガリヴァーが最初の航海に出発し、心身ともに疲弊しきって最後の航海から帰還するまでの時間に匹敵していた。

修士論文を書き上げ、それがすんなりと受理されてしまうと、わたしは途端に巨大な虚脱感に襲われることになった。無理もないことである。つい先ほどまでマラソンで最後のスパークをかけていた走者が、いきなりもう走らなくともいいのだといわれたようなものだったからだ。そこでわたしは、半年ほど足を運ぶことのなかった新宿の映画館に行ったり、意味もなく新宿御苑を散歩したりして時間を過ごした。

この時期に記憶しているのは、ダイアン・アーバスの写真集を手に入れて強烈な印象を新たにしたことと、ジョルジ・ストレーレルの演出するミラノ・ピッコロ座のゴルドーニの芝居に接したことである。

アーバスの写真は何年か前に展覧会で見て、強い衝撃を受けていた。ニューヨークの街角や公園で出会った畸形や狂信者を長らく撮り続けたもので、そこに描き出されているグロテスクな身体と精神のあり方は、まさしくアメリカの病理そのものであるように思われた。わたしは写真集でこの世界にもう一度触れたことを契機に、当時刊行されたばかりのレスリー・フィードラーの畸形論を参考にしながら、「肉体の貴族としての畸形」というエッセイを執筆した。それは『地球ロマン』の武田崇玄が新しく刊行した『迷宮』という雑誌の創刊号に掲載された。

ゴルドーニの方はイタリアのコンメディア・デッラルテを今日風に再演出したもので、わたしには端から端までが痛快に理解できるような気がした。一九七〇年代を通してわたしは演劇というものから遠ざかっていたのだが、この体験は久しぶりに舞台の興奮を蘇らせてくれた。ストレーレルについては、芝居を観る以前にルイ・アルチュセールによる論文を読んだことがあり、長らく隔靴掻痒の思いでいたのだが、これでようやく渇が癒されたといえる。

いや、もう一つこの時期に知って新鮮な衝撃を受けたもののことを書いておいてもいいかもしれない。立教大学で8ミリを撮っている黒沢清と万田邦敏の『しがらみ学園』という作品を観たことである。それは構内に学生が時計を持ち込むことを禁じるという奇妙な規則をもった大学で生じる、奇想天外なアクション映画だった。わたしは自分以外の人間で、かくもゴダールに熱中している同世代の人間を初めて発見し共感を感じた。相米慎二が『翔んだカップル』で監督デビューを飾ったのもこの時期である。わたしはこのまったく未知の新人が描く世界の躍動感に魅惑され、さっそくそれをある女性雑誌の映画コラムに書いた。

わたしが論文に集中している間に世界では実に多くの事件が生じていた。日本中は口裂け女という化物の噂で持ちきりであり、タモリという芸人がブラウン管に登場して不思議な話芸を披露していた。ガイアナでは新宗教の教祖の命で大量の信者が自殺し、イランではホメイニ師が帰国してイスラム革命が起きていた。アメリカは台湾を断交し、中国と正式に国交を樹立。カンボジアではポル・ポトによる大量虐殺が明らかとなった。悲惨は世界のいたるところに遍在していた。わたしは次々と目に飛びこんでくるこうした報道を、ただなす術もなく呆然としながら眺めていた。ゴダールがニュース報道にさいして説いた「ことよそ」の論理のなかで、わたしは反動的なまでに「ここ」の陣営に属していたのである。

あまたの事件のなかでわたしにもっとも強烈な印象を残したのは、一月二六日に大阪の三菱銀行北畠支店で生じた立て籠もり事件だった。犯人の梅川昭美はライフル銃を手に銀行員たちを人質にすると、彼らに性的な屈辱を与えた。彼は二日後に警官隊によって狙撃されまもなく死亡したが、今わの際にパゾリーニの遺作フィルムである『ソドムの市』に言及した。彼がこの性的倒錯遊戯に満ちたフィルムに想を得て蛮行に及んだことは、歴然としていた。パゾリーニはその四年ほど前にローマで惨殺されていた。もし彼が生きていて梅川の事件を知ったとすれば、ひょっとして貧困と屈辱に満ちたプロレタリアートとしての彼の生涯に共感を寄せるのではないかと、わたしは考えてみた。後にわたしはパゾリーニの詩作に親しむようになったが、このときに抱いた直感は正しかったという気持ちを今でも抱いている。

韓国に行って、向こうの大学で日本語の教師をしてみないかという話が突然に舞い込んだのは、こうした空隙の数ヶ月の間のことである。大学院で同じ時期に、上田秋成の『雨月物語』と朝鮮民話を比較するという論文を提出した崔博光《チェバックワン》という留学生が、ソウルの大学に戻るにあたってわたしを誘ったのである。

韓国かあ、とわたしは深い息をついた。これまで一八世紀アイルランドの文書に構えていたわたしは、自分の国の隣にあるこの国のことなどまったく眼中になかったからである。韓国について知っていることはほとんど何もなかった。かつて日本が植民地支配をしていたため、人々が日本人に対して底深い敵意を抱いていること。南北に分断されているため、つねに戦争の危機に瀕していること。長らく軍事政権が続き、KCIAによる連行と拷問が日常的であること。ただちに想起されるのはこうした暗く陰鬱な映像ばかりだった。だがわたしは、これはひょっとして面白いことになるのではないかと、直感的に判断した。もう書物ばかりの世界に閉じこもっていることもないだろう。これまで予想もしていなかった未知の現実に飛び込んでみることこそ、今の自分にとって必要なことではないだろうか。そう判断したわたしは、二つ返事で崔博光の提案を受け入れた。彼はただちにソウルの大学の人事課に国際電話をし、かくしてわたしは建国大学校師範大学外国語学科の客員教授としてソウルの地に赴くことになった。「日本語学科」とすると一般の反感を買うので、止むをえなく「外国語学科」という名称にしてあるのですと、崔はいくぶん申し訳なさそうに説明した。

麻布の韓国領事館で二ヶ月ほど待たされた後、ようやく労働ヴィザを獲得したわたしは、さあこれで何もかもが終わったのだという解放感と、これから赴こうとする未知の首都への期待に心躍る気持ちになった。七年間にわたって続いた学生生活は、もうこれで幕を閉じた。わたしは一九七二年に駒場の教養学部の門を潜ったときのことを思い出した。当時のわたしは、高校時代に体験した政治的挫折の後遺症ですっかり疲弊しており、何ごとにも新鮮な感動を抱くことができずにいた。だが七年後にソウルに向かおうとするわたしは、期待に満ちていた。二六歳のわたしは、一九歳のときの自分よりも若返ったような気持ちに包まれていた。「見飽きたんだ、聞き飽きたんだ」と、ランボーに倣って口にしてみたい気がした。後一月もすれば、自分は未知の文字に囲まれ、未知の人々と対話を交わし、未知なる街角を闊歩しているだろう。わたしは未知の言葉を少しずつ口にするようになっていることだろう。つい先ほどまでつきあっていたガリヴァー船長が、難破と漂流を重ねながらも航海を止めようとしなかったことが思い出された。わたしもまたこの船長と同じように、旅の誘惑に身を委ねて、これからの人生を生きていくのだ。そう決意すると、何もかもが軽やかに感じられてくるのだった。

読者よ、わたしはここで、長らく続けてきた一九七〇年代の物語に、ここでひとたび筆を措こうと思う。ソウルの地でわたしを迎えたのは日本に対して複雑な感情を抱いている韓国人たちであり、民族の受難を克服せんとして慷慨する学生たちであった。また大統領の暗殺であり、午後八時以降の外出を禁止する戒厳令であった。一年後に帰国したわたしを待ち構えていたのは、駆け出しの映画ジャーナリストとしての多忙な日々であった。だがそれもまた別の話である。一九八〇年代の慌しい日々については、またいつの日にか回想を書き記すことがあるかもしれない。ともあれかくしてわたしの一九七〇年代は幕を閉じた。わたしはふたたび外側の世界との交渉を回復することを選び、歳月が長らく強いてきた鉛色をした桎梏から自由になろうとしていたのである。

ソウルへ出発する日、わたしはこれまでにない晴れやかな気分を感じていた。どうしても成田空港を使用する気にならなかったので、羽田からひとまず伊丹に飛び、そこからソウルの金浦空港へ行くという航路を選んだ。飛行機に乗ってしばらくすると、窓の向こうに富士山が見えた。だがそれは、下から仰ぎ見たときの悠々とした姿とは違い、単に黒々とした火口の窪みでしかなかった。わたしは以前にレオナルド・ダ・ヴィンチの解剖画集を観たときのことを思い出した。火口はレオナルドが描いた女陰そっくりだったのである。

あとがき

もし眼の前に金の箱、銀の箱、鉛の箱の三つが並んでいたとして、どれを選ぶかと尋ねられたとしたらどうだろう。人生の半ばをとうに過ぎたわたしは、躊躇うことなく金の箱を選ぶはずだ。たとえそのなかに虚飾や痴愚を示す髑髏が入っていたとしても、もはやそのことで新たに後悔をすることはあるまい。だが二〇歳のときのわたしは違っていた。わたしは金にも銀にも眼もくれず、むしろ率先してもっともみすぼらしい鉛の箱を手に取ったはずである。わたしはひどく頑なで禁欲的であり、見た目の美しさに懐疑的であった。だがそれ以前に、わたしを取り巻いていた一九七〇年代という時代が、この陰鬱な卑金属の色に染め上げられていたのである。

この書物はその、暗く寒い時代を生きたわたしの物語である。わたしはひどく孤独で、世界から見放されていると感じていた。一〇歳代の終わりごろ自分の身に切りつけられた巨きな傷に対し、知的な探求を通して何とかそれを克服しようと懸命になっていた。傷は今でも傷跡として残ってはいるが、傷跡があるということは無事に生き延びたということだ。一九七〇年代とは文字通り、停滞のなかで両手両足を縮めながら、いかにして生き延びるかを模索していた時間であった。わたしは今回、この時代に書き続けたノートを読み直すことで、長い間忘れていた当時の感情を回復した。ここに名を掲げないが、わたしの記憶を正してくれたかつての友人たちに感謝したい。またこの時代をめぐってわたしの問いに答えてくださった方々にも。ある人は洒脱に、ある人は言葉重く語った。またある人は語ることを拒んだ。書物を纏めてくださったのは石原剛一郎氏である。氏にもお礼の言葉を申し上げたい。

二〇〇九年三月三日

著者識

◉註

＊01——シモーヌ・ヴェイユ『根をもつこと』
＊02——吉増剛造『出発』
＊03——シャルル・ボードレール『哀れなベルギー』
＊04——ヴィクトール・フランクル『夜と霧』
＊05——シャルル・ボードレール『パリの憂鬱』所収
＊06——ハーマン・メルヴィル『白鯨』
＊07——モーリス・ブランショ『死の宣告』からのインスピレーション
＊08——三輪秀彦訳
＊09——フランツ・カフカ
＊10——ジャック・デリダ
＊11——ディーノ・ブッツァーティ「七人の使者」
＊12——フランツ・カフカ
＊13——埴谷雄高
＊14——ロラン・バルト『ミシュレ』
＊15——ガストン・バシュラール『否定の哲学』
＊16——W・B・イエイツ『マイケル・ロバーツと踊り子』所収「再来」
＊17——フランク・ザッパ『アブソリュートリー・フリー』収録「コール・エニイ・ヴェジタブル」

＊18――フランツ・カフカ『日記』
＊19――ホルヘ・ルイス・ボルヘス「アレフ」からのインスピレーション
＊20――ロラン・バルトのユゴー論
＊21――『濡れた欲情　特出し21人』
＊22――『けんかえれじい』
＊23――バスター・キートン『キートン将軍』
＊24――エリアス・カネッティ『群衆と権力』
＊25――『光る風』
＊26――谷川雁「原点が存在する」
＊27――ギュスターヴ・フロベール『聖ジュリアン伝』
＊28――ロラン・バルト『エッセ・クリティック』
＊29――トニー・リチャードソン監督『悪魔のような恋人』(一九六九)
＊30――『道化の民俗学』
＊31――ヴィトルド・ゴンブロヴィッチ『ポルノグラフィア』
＊32――C・G・ユング『心理学と錬金術』
＊33――ジル・ドゥルーズ『意味の論理学』
＊34――マルグリット・ユルスナール『火』「アンティゴネーあるいは選択」
＊35――ジョルジュ・バタイユ『言葉とエロス』所収「呪詛する道徳の軍事的勝利と破綻」
＊36――ジョルジュ・プーレ『円環の変貌』
＊37――ジョルジュ・バタイユ『ドキュマン』所収「足の親指」
＊38――「旅」中桐雅夫訳

ら

わ

ま

や

な

は

た

か

さ

索引

あ

◉著者紹介

四方田犬彦 よもた・いぬひこ

一九五三年生まれ。一九七二年東京大学文科三類に入学。宗教学を学ぶ。七六年に同人文系大学院に進み、比較文学比較文化を学ぶ。博士課程を修了する。ソウルの建国大学、コロンビア大学、ボローニャ大学などで客員教授、研究員を務め、現在は明治学院大学教授として映画史を講じる。映画と文学を中心に、都市論、アジア論、サブカルチャーをめぐって批評活動を行う。主な著書に『摩滅の賦』（筑摩書房）、『貴種と転生・中上健次』『ハイスクール1968』『先生とわたし』（以上新潮社）、『日本のマラーノ文学』『翻訳と雑神』（以上人文書院）、『アジアのなかの日本映画』『日本映画と戦後の神話』（以上岩波書店）、『月島物語ふたたび』（工作舎）が、またエドワード・サイード、マフムード・ダルウィーシュ、ピエル・パオロ・パゾリーニの翻訳がある。サントリー学芸賞、桑原武夫学芸賞、伊藤整文学賞などを受賞。

歳月の鉛

発行日――二〇〇九年五月二〇日
著者――四方田犬彦
編集――石原剛一郎＋李榮恵
エディトリアル・デザイン――宮城安総＋小沼宏之
カバー写真撮影――中野義樹
印刷・製本――三美印刷株式会社
発行者――十川治江
発行――工作舎　editorial corporation for human becoming
〒104-0052　東京都中央区月島1-14-7-4F
phone: 03-3533-7051　fax: 03-3533-7054
URL: http://www.kousakusha.co.jp
e-mail: saturn@kousakusha.co.jp
ISBN978-4-87502-419-4